Cumpl

Principios de Jesús en el cumplimiento de la Misión

Por Roberto Hodgson

*Hacer Discípulos Semejantes a
Cristo en las Naciones*

*El Espíritu del Señor está sobre mí,
Por cuanto me ha ungido para dar buenas nuevas a
los pobres;
Me ha enviado a sanar a los quebrantados
de corazón;
A pregonar libertad a los cautivos,
Y vista a los ciegos;
A poner en libertad a los oprimidos;
A predicar el año agradable del Señor*
—(Lucas 4:18-19)

CASA NAZARENA DE PUBLICACIONES
LENEXA, KANSAS

Publicado por Casa Nazarena de Publicaciones USA-Canada
Lenexa, Kansas (USA)

Cumplimiento de la misión
Por Roberto Hodgson

ISBN: 978-1-56344-005-2

Edición, redacción, diseño y formato por
José Pacheco, *jospacheco@aol.com*

Las citas bíblicas se han tomado de la *Biblia Reina-Valera Revisión 1960,* de las Sociedades Bíblicas Unidas, a menos que se especifique una versión diferente directamente en el texto.

Impreso en Colombia
Printed in Colombia

2/2016

Acerca del Autor

El Dr. Roberto Hodgson graduó en 1985 del Seminario Nazareno de las Américas de Costa Rica con el título de Licenciado en Teología. Durante su tiempo como seminarista pastoreó la Iglesia del Nazareno de San Pedro de Poás, 1982-1985. Fue ordenado como presbítero en 1986. Pastoreó la congregación Hispana del Nazareno de Washington, D.C. 1986-1992. Sirvió como coordinador de los Ministerios Latinos del Distrito de Washington, D.C. de 1993 a 2002.

Terminó su Maestría en Estudios Teológicos en el Seminario Teológico de Wesley, de Washington, D.C. En 2003, se graduó del programa Graduate Theological Foundation con el título de Doctorado en Ministerio.

Desde 2002 está sirviendo como Director de Ministerios Hispanos de la Región USA-Canada. Ministró como Superintendente del Distrito Suroeste Latinoamericano de 2007 a 2012. En mayo de 2012 fue nombrado como Director de Ministerios Multiculturales USA-Canada, ministerio en que se ocupa hasta el presente. ✝

Dedicatoria

DEDICO ESTE LIBRO A LOS SIERVOS Y SIERVAS DE DIOS en su fiel obediencia en el cumplimiento de la misión de la iglesia: "Hacer Discípulos Semejantes a Cristo en las Naciones". En forma muy especial a los pastores y pastoras llamados a pastorear el rebaño de Dios.

1 Pedro 5:1-4: *"Ruego a los ancianos que están entre vosotros, yo anciano también con ellos, y testigo de los padecimientos de Cristo, que soy también participante de la gloria que será revelada: Apacentad la grey de Dios que está entre vosotros, cuidando de ella, no por fuerza, sino voluntariamente; no por ganancia deshonesta, sino con ánimo pronto; no como teniendo señorío sobre los que están a vuestro cuidado, sino siendo ejemplos de la grey. Y cuando aparezca el Príncipe de los pastores, vosotros recibiréis la corona incorruptible de gloria".*

Aprecio mucho la dedicación y el esfuerzo de los pastores y pastoras, incluyendo a sus familias. Un reconocimiento muy especial a los bi-vocacionales. Siempre exclamo con admiración: ¡Cómo lo hacen, con sus muchas responsabilidades, de familia, ministerio, trabajo secular, estudios ministeriales, etc! Como dice un refrán popular: "Mis respetos para todos ellos". ✞

CONTENIDO

Agradecimiento

CON PROFUNDO Y TOTAL AGRADECIMIENTO AL DIOS de amor por su misericordia para conmigo, por darme la salvación a mi alma a través de los méritos de su Hijo Jesucristo.

También por la purificación de mi corazón con su Santo Espíritu. Por haberme llamado a participar en su misión.

A la Iglesia del Nazareno Global por concederme la oportunidad de colaborar y servir en el ministerio por más de 30 años.

En especial, agradecimiento al Dr. Bob Broadbooks, director regional de USA/Canada por haberme concedido seis semanas fuera de la rutina de la oficina a fin de dedicar el tiempo para escribir este libro.

Y finalmente al Rdo. José Pacheco, por poner el toque maestro de su experiencia de editor a este proyecto. ✞

**La lectura de *Cumplimiento de la Misión* —*Principios de Jesús en el Cumplimiento de la Misión* permitirá que a pastores y congregaciones se les ayude a establecer el equilibrio que las presiones de "vientos de doctrinas" y confusión pudieran soplar y ejercer en su ambiente ministerial. Apóstoles como Pablo advirtieron en su tiempo a las iglesias y sus pastores "que se cuidaran de los que causaban divisiones y dificultades... con palabras suaves y lisonjeras engañando a los ingenuos" porque no predicaban a Cristo. Hoy y con abundantes referencias bíblicas, el Dr. Hodgson deposita esta obra en nuestras manos para que —como expresa en la Introducción— recibamos dirección sistemática a la luz de las Escrituras, para el buen cumplimiento de la misión de la iglesia siguiendo los pasos del Maestro. Como pastor, celebro este aporte significativo a mi vida y ministerio.

—Dr. Mario Zani, Pastor Hispano Lenexa Central y Coordinador de Literatura USA/CAN CNP Multicultural

Nadie mejor que el Dr. Roberto Hodgson, con su basta experiencia, para escribir un libro como este. Es inspirador y excelente para compartir con grupos pequeños. Excelente para mover la a iglesia con una metodología específica al cumplimiento de la misión de nuestro Señor Jesucristo. Excelente para pastores que comienzan su ministerio, o para los que han perdido el enfoque, ya que este libro refleja un ministerio integral balanceado, oración, visión, predicación, enseñanza, desarrollo de líderes, descanso y desarrollo del carácter, lo cual es necesario para un ministerio de larga duración.

—Rev. Rigoberto Acosta,
Director de Ministerios Hispanos, Distrito de Virginia

En su estilo práctico, sencillo y directo, el Dr. Roberto Hodgson nos ha preparado un "check list" imprescindible para todos los que estamos en el ministerio. Ya sea que usted recién esté recibiendo el llamado, atravesando un momento difícil, a punto de colapsar, o aun si le va muy bien en el cumplimiento de la misión, ¡deténgase! Revise cuidadosamente estos principios que estableció el Divino Maestro y recibirá nuevas fuerzas, visión renovada y unción fresca para que pueda continuar su "carrera con gozo, y el ministerio que recibió del Señor Jesús" (Hechos 20:24).

—Rev. Obed Jáuregui,
Pastor de la Iglesia del Nazareno Betania, Miami, FL

"Principios de Jesús en el Cumplimiento de la Misión" es una obra fluida, directa y sencilla para enseñar y hacer la misión de Jesús. El Dr. Hodgson reúne los elementos clave de enseñar, mostrar y cómo hacerlo de acuerdo con el sabio consejo de Jetro a Moisés en Éxodo 18:20. Recomiendo este libro a todo creyente como una valiosa ayuda para hacer nuestra tarea misional.

—Pedro Julio Fernández,
Pastor de la Iglesia del Nazareno Emanuel, Toronto, Canadá.

Cumplimiento de la Misión, es un libro bíblicamente centrado, teológicamente acertado y práctico en su naturaleza. En él, el Dr. Hodgson expone de manera sencilla, práctica y clara el porqué, el cómo y el costo del cumplimiento de la misión. Este libro inspirará al pastor de experiencia, instruirá al pastor joven y ayudará al líder local que desea convertirse en colaborador efectivo al servicio de Dios. *Cumplimiento de la Misión* será una adición positiva a la biblioteca del líder cristiano.

—Dr. Orlando Serrano,
Superintendente del Distrito Occidental Latinoamericano V

Prefacio

DURANTE VARIOS AÑOS HE SIDO CRÍTICO de la forma en que muchos cristianos abordan su responsabilidad misional. A veces tenemos una buena, preciosa y sana doctrina, buenos principios administrativos, buenas y preciosas infraestructuras para desarrollar una iglesia saludable, pero nos quedamos cortos cuando queremos aplicar la vida de Jesús como modelo contextual, integral y misional a la vida práctica de la iglesia.

He descubierto, al igual que miles de siervos de Dios, que si la iglesia desea ser "la sal y la luz" como Jesús dice en Mateo 5:13-14, necesita no solo buenos y abundantes argumentos, sino también, creo, encarnar las verdades de Jesús dentro de un contexto real, frente a un mundo agresivo y en caos.

Ante tal situación, veo con mucho beneplácito y admiración el pensamiento del escritor, plasmado en este precioso libro que, no solo presupone sino que también asume una postura muy práctica y contextual de la vida y ministerio del Jesús encarnado.

Me encanta la forma en que presenta sus contenidos; inicia con el "plan de Dios" y termina con "ese plan" hecho mandamiento. Es decir, el plan, como proyecto de salvación de Dios para los hombres y el mandamiento como imperativo para que la iglesia cumpla con ese plan misional. Pero entre medio nos presenta la integración de las actividades de una iglesia integral. No se pueden divorciar. Por ejemplo, la obra del Espíritu Santo, la cual dinamiza la vida del hombre que se prepara en oración y ayuno, para presentar un mensaje concientisado, poderoso, ungido y encarnado, como fruto de su previa preparación.

Aborda el tema de la importancia de conocer las Escrituras, como la base de conocimiento de todo siervo que quiera ser verdadero misionero del reino. Este conocimiento lo acerca al corazón de Dios y el Señor se revela a los que le buscan y les manifiesta su plan de primera mano. En palabras sencillas podría decir que el hombre o la mujer que no conoce a Dios, nunca podrá ser misionero integral.

Otro elemento muy importante y clave: la iglesia fue creada para cumplir con ese plan maravilloso de Dios, que vemos desde el principio en la lectura de este libro. Definitivamente nos desafía a encarnar todo conocimiento, verdad y experiencia del Señor en nuestras vidas, para así "ser" testigos de Jesús y "ser" misionales.

Conozco al escritor desde hace muchos años; es mi amigo personal, por lo que he visto su pasión y su celo porque el reino de Dios sea establecido con la misma pasión y el mismo celo en este mundo decadente. Nadie mejor que él nos puede presentar este material, que ha sido fruto de su experiencia, pero sobre todo, su modo de vida en palabra y en la práctica.

Por lo tanto, personalmente agradezco al Señor por sus siervos que son sensibles a la necesidad y pueden compartir humilde, pero incisivamente, verdades que la iglesia necesita retomar con responsabilidad, objetividad y con mucha pasión.

También recomiendo que se estudie este libro en los cursos de misionología, evangelismo y liderazgo de Jesús.

Que el Señor bendiga y desafíe a cada persona que lea, estudie y comparta este material. Esa es la oración del escritor en su introducción: "En el proceso de escribir el libro, le pedía a Dios que fuera instrumento de bendición a todos los lectores en la fiel obediencia en el cumplimiento de la misión de la iglesia".

—Rev. Leonel de León,
Coordinador de Estrategia de Area (CEA)
Nor-Central, Region Mesoamerica
✞

Introducción

LA IDEA DE ESCRIBIR ESTE LIBRO sobre los *Principios de Jesús en el Cumplimiento de la Misión* surgió cuando fui asignado como Director de Ministerios Multiculturales para USA/Canadá por el Director Regional, Dr. Bob Broadbooks, en mayo de 2012. El privilegio de mi nueva asignación en conjunto como Director de Ministerios Hispanos, el cual realizo desde el año 2002, enmarcaría la responsabilidad de dar dirección y apoyo logístico y estratégico a más de 16 grupos étnicos y lingüísticos.

Esta nueva fase en mi vida ministerial me llevó a buscar en oración y ayuno la dirección de Dios sobre cómo abordar y realizar la asignación. Sentí que sería muy importante mantener el contacto con el liderazgo de los grupos étnicos/lingüísticos y proveer inspiración bíblica para el cumplimiento de la misión; así surgió la idea de diseñar y establecer un noticiero electrónico mensual que fuera enfocado a los facilitadores de los diferentes grupos étnicos y a los miembros de sus respectivos comités de estrategia (*www.nazarenosuscan.org*). Este noticiero sería un buen instrumento para presentar reflexiones bíblicas, noticias, eventos, estadísticas, peticiones de oración y demás.

Ahora que tenía el vehículo del noticiero-e, lo siguiente sería buscar y proveer el material del contenido para lograr su objetivo de la comunicación-e con el liderazgo multicultural. Fue así como comencé a escribir una serie de reflexiones bíblicas sobre "principios de Jesús en el cumplimiento de la Misión". Esto me llevó a que cada mes buscara en los evangelios un principio de cómo Jesús cumplía su misión. Me fue fascinante y de bendición escribir siete reflexiones, observando y siguiendo los principios que Jesús usó en el cumplimiento de la misión del reino de Dios.

Obviamente que al encontrar esos principios de Jesús, no eran totalmente desconocidos para mí, porque a través de las innumerables veces que he leído los evangelios, las múltiples veces que he visto la Película Jesús, los libros que he leído, las prédicas que he escuchado, las conferencias a que he asistido, las conversaciones que he sostenido con mis colegas sobre estos principios, eran temas familiares. Lo nuevo para mí fue escribir la serie de reflexiones sobre los principios que Jesús aplicó en el cumplimiento de su misión y ponerlos en un sistema.

Al re-leer los evangelios para buscar los principios que Jesús usó y cómo se los transmitía intencionalmente a sus discípulos para capacitarlos, esa experiencia me dio una perspectiva fresca del quehacer ministerial de seguir los pasos del Maestro en el cumplimiento de la misión, mientras que a la vez me llevó a pensar en buscar la oportunidad de expandir esos principios y ponerlos en formato de un libro sencillo, práctico, en capítulos cortos para la reflexión y la aplicación del ministerio pastoral.

En el proceso de escribir el libro, le pedía a Dios que fuera instrumento de bendición a todos los lectores en la fiel obediencia en el cumplimiento de la misión de la iglesia. ✝

Capítulo 1

El Plan de Dios

Juan 3:16: *"Porque de tal manera amó Dios al mundo, que ha dado a su Hijo unigénito, para que todo aquel que en él cree, no se pierda, mas tenga vida eterna. Porque no envió Dios a su Hijo al mundo para condenar al mundo, sino para que el mundo sea salvo por él".*

La historia de la creación en Génesis relata la armonía que existía entre su Creador y la creación. Después de cada acto de creación, el escritor exclamaba: "Y vio Dios que era bueno". Génesis 2:1-3: *"Fueron, pues, acabados los cielos y la tierra, y todo el ejército de ellos. Y acabó Dios en el día séptimo la obra que hizo; y reposó el día séptimo de toda la obra que hizo. Y bendijo Dios al día séptimo, y lo santificó, porque en él reposó de toda la obra que había hecho en la creación".*

El Dios Creador estableció una relación íntima y perfecta con Adán y Eva, a quienes comisionó como mayordomos de su creación. También estableció un estado probatorio en el que ejercerían la libre voluntad de decidir entre el bien y el mal. Ese estado probatorio estaba condicionado a la obediencia del mandato divino Génesis 2:16-17: *"Y mandó Jehová Dios al hombre, diciendo: De todo árbol del huerto podrás comer; mas del árbol de la ciencia del bien y del mal no comerás; porque el día que de él comieres, ciertamente morirás".*

Si Dios iba a ser glorificado por el servicio voluntario del hombre, éste debía ser puesto a prueba, sujeto a tentación, a riesgo del costo inevitable de la posibilidad del pecado".[1] Lamentablemente Adán y Eva optaron por satisfacer los deseos de sus ojos y ambiciones y, por ende, desobedecer lo establecido por Dios. Cedieron al engaño de Satanás quien distorsionó la Palabra de Dios para tentarlos y hacerlos caer en desobediencia al Creador: *"¿Conque Dios os ha dicho: No comáis de todo árbol del huerto?"*

La desobediencia de Adán y Eva produjo graves consecuencias a la raza humana y a toda la creación de Dios. Las consecuencias inmediatas de la desobediencia (pecado) rompieron la armonía perfecta que existía entre el Creador y su creación. El Dios de amor y Creador vino a buscar a Adán y a Eva después que ellos desobedecieron y, desde ese momento, Dios ha estado continuamente buscando cómo redimir a la raza humana de la maldición del pecado y sus consecuencias.

El Dios santo y de amor tuvo que pronunciar el castigo para Adán y Eva por su desobediencia. La naturaleza santa de Dios no puede pasar por alto la desobediencia del pecado. En el acto del castigo, el Dios justo y misericordioso apuntaba con un plan de redención: Génesis 3:15 *"Y pondré enemistad entre ti y la mujer, y entre tu simiente y la simiente suya; ésta te herirá en la cabeza, y tú le herirás en el calcañar".*

"La frase «tú le herirás en el calcañar» se refiere a los intentos constantes de Satanás de derrotar a Cristo durante su vida

> *El Dios de amor y Creador vino a buscar a Adán y a Eva después que ellos desobedecieron y, desde ese momento, Dios ha estado continuamente buscando cómo redimir a la raza humana de la maldición del pecado y sus consecuencias.*

en la tierra. «Ésta te herirá en la cabeza», anuncia la derrota de Satanás cuando Cristo se levantó de la muerte. Un golpe al talón no es mortal, pero uno asestado en la cabeza sí lo es. Ya Dios estaba revelando su plan para derrotar a Satanás y ofrecer salvación al mundo por medio de su Hijo Jesucristo".[2]

Dios iba revelando el Plan de redención a su pueblo a través de la historia. Los profetas, los voceros de Dios para el pueblo de Israel y para las naciones anunciaban la venida del Mesías, el que los liberaría del pecado y sus consecuencias. Las profecías del Mesías en los escritos del Antiguo Testamento se tejen como un hilo histórico que apunta hacia el plan perfecto salvífico de Dios, que intersectaría la historia de la humanidad en la persona del Mesías, el Cristo redentor, el ungido de Dios. Isaías 43:1-4: *"He aquí mi siervo, yo le sostendré; mi escogido, en quien mi alma tiene contentamiento; he puesto sobre él mi Espíritu; él traerá justicia a las naciones. No gritará, ni alzará su voz, ni la hará oír en las calles. No quebrará la caña cascada, ni apagará el pábilo que humeare; por medio de la verdad traerá justicia. No se cansará ni desmayará, hasta que establezca en la tierra justicia; y las costas esperarán su ley"*.

El pueblo de Israel vivía con la expectativa y esperanza del reinado futuro del Mesías y, en sus momentos de mayor angustia y sufrimiento, siempre buscaban cómo sostenerse en las promesas del Dios del pacto de que un día enviaría a su Siervo, el Mesías, para reinar y gobernar a su pueblo con justicia. Esa promesa histórica del Mesías les animaba a confiar para sobrellevar las más difíciles vicisitudes de sus experiencias en su historia como pueblo de Dios.

Dios en su tiempo perfecto cumplió con su promesa de enviar al Mesías esperado por el pueblo de la promesa en el padre de la fe, Abraham y sus descendientes. Dios es fiel y cumple todas sus promesas en su tiempo. Dios descendería para encarnarse en la historia de la raza humana en la persona de Jesús, su Hijo ejecutaría el plan perfecto de redención para toda la humanidad. Juan 1:14-16: *"Y aquel Verbo fue hecho carne, y habitó entre nosotros (y vimos su gloria, gloria como del unigénito del Padre), lleno de gracia y de verdad. Juan dio testimonio de él, y clamó diciendo: Este es de quien yo decía: El que viene después de mí, es antes de mí; porque era primero que yo. Porque de su plenitud tomamos todos, y gracia sobre gracia"*.

El apóstol Pedro da testimonio de la esperanza viva en Cristo: 1 Pedro 1:10-11 *"Los profetas que profetizaron de la gracia destinada a vosotros, inquirieron y diligentemente indagaron acerca de esta salvación, escudriñando qué persona y qué tiempo indicaba el Espíritu de Cristo que estaba en ellos"*...

"Él es verdadero Dios, pero en la revelación en Cristo la divinidad humana nunca se separa de la humanidad verdadera; las naturalezas divina y humana nunca se separaron entre sí, ni la una neutralizó a la otra. Veremos en Cristo... la plenitud de la deidad enmarcada en el cuadro de la humanidad; siendo no los atributos de lo divino en su infinitud limitada, sino los atributos divinos tomando cuerpo en los atributos de la naturaleza humana".[3]

Preguntas de Reflexión

1. ¿Cómo le ha impactado este capítulo sobre el amor y el plan salvífico de Dios para la redención de la raza humana?

2. ¿Cómo le han servido las promesas de Dios a su pueblo en la persona de Cristo?

3. ¿Qué otros pasajes bíblicos usaría usted para este capítulo?

4. ¿Cómo le han inspirado las profecías de los profetas acerca del Mesías?

5. Conteste en una escala del 1 al 10 en la que el máximo puntaje a esta pregunta es 10:

   ¿En estos días cómo siente la fidelidad de Dios y sus promesas para su vida?

   Éxodo 19:5-6: *"Ahora, pues, si diereis oído a mi voz, y guardareis mi pacto, vosotros seréis mi especial tesoro sobre todos los pueblos; porque mía es toda la tierra. Y vosotros me seréis un reino de sacerdotes, y gente santa. Estas son las palabras que dirás a los hijos de Israel".*

6. ¿Qué debo hacer para confiar en las promesas de Dios?
   Grandes, fieles,
   Las promesas que el Señor Jesús ha dado,
   Grandes, fieles,
   En ellas para siempre confiaré
   —Himnario *Gracia y Devoción* #321.

7. De ser posible dedique un tiempo a la oración y estudie los pasajes bíblicos que encontró para seguir reflexionando sobre el tema de este capítulo. ✞

Capítulo 2

El Espíritu Santo

Mateo 3:16-17: *"Y Jesús, después que fue bautizado, subió luego del agua; y he aquí los cielos le fueron abiertos, y vio al Espíritu de Dios que descendía como paloma, y venía sobre él. Y hubo una voz de los cielos, que decía: Este es mi Hijo amado, en quien tengo complacencia".* [1]

El Espíritu Santo fue enviado a Jesús para confirmar públicamente que él era el verdadero Mesías de la promesa salvífica de Dios a través de su Hijo. El Dios trino se hace presente en la historia de la redención humana. El Espíritu Santo estaría en Jesús para guiarlo durante su vida ministerial.

Lucas 4:1: *"Jesús, lleno del Espíritu Santo, volvió del Jordán, y fue llevado por el Espíritu al desierto".*

El Espíritu Santo sería el fiel acompañante de Jesús en el cumplimiento de la misión del reino de Dios. El Espíritu Santo le daría la fortaleza para enfrentar y resistir las tentaciones del diablo en el desierto y durante el resto de su ministerio.

"Las tentaciones de Satanás se enfocan en tres cosas: (1) deseos físicos, (2) posesiones y poder, y (3) orgullo (en 1 Juan 2.15-16 hallará una lista similar). Pero Jesús no cedió. Hebreos 4:15-16 dice que Jesús fue tentado... pero que Él no cedió ni una vez y no pecó. Jesús fue capaz de resistir todas las tentaciones de Satanás porque no solamente conocía las Escrituras, sino que las obedecía (Efesios 6:17)". [1]

Ese período en el desierto era necesario en la preparación de Jesús para iniciar su ministerio: Primero, estaba en comunión íntima con el Padre en oración y ayuno. Segundo, cuando Satanás llegó para tentarle lo venció con no pecar, demostrando que es posible no ceder a las tentaciones y engaños del diablo.

Lucas 4:14-15: *"Y Jesús volvió en el poder del Espíritu a Galilea, y se difundió su fama por toda la tierra de alrededor. Y enseñaba en las sinagogas de ellos, y era glorificado por todos".*

Era necesario que Jesús ministrara y enseñara bajo la dirección del poder y la unción del Espíritu Santo. Jesús estaba cumpliendo con la misión y al mismo tiempo dando el ejemplo de lo esencial e indispensable de la presencia del Espíritu para cumplir efectivamente la misión del reino. Solo con la total asistencia del Espíritu Santo, Jesús iniciaría y culminaría victoriosamente la misión del Padre.

"...No fue él solo quien obró a través de su humanidad, fue también el templo del Espíritu Santo, que Dios le dio sin medida (Juan 3:34). Todo lo que pertenece al Hijo como representante del hombre estaba bajo la dirección inmediata del Espíritu Santo. El Espíritu Santo lo guió y lo sostuvo en cada una de sus experiencias en su vida terrenal, presidiendo sobre todo su ministerio".[2]

> *Jesús anhelaba que sus discípulos tuvieran lo que él tuvo durante su ministerio terrenal: El poder de la unción del Espíritu Santo; fue la razón por la que expresó sus últimas palabras a ellos antes de ascender al Padre: Hechos 1:8-9.*

Jesús, preparando a sus discípulos para su partida, les anticipó que El Espíritu Santo vendría sobre ellos para acompañarlos en su diario vivir y confortarlos en los momentos más difíciles de sus vidas.

Lucas 16:7: *"Pero yo os digo la verdad: Os conviene que yo me vaya; porque si no me fuera, el Consolador no vendría a vosotros; mas si me fuere, os lo enviaré".*

Jesús sabía lo indispensable que sería para sus discípulos la presencia del Espíritu Santo en sus vidas. El Espíritu Santo ayudaría a los discípulos a ser fieles y eficaces en el cumplimiento de la misión. Insistió una y otra vez en la enseñanza del Espíritu Santo para la vida de sus seguidores. Lucas 24:49: *"He aquí, yo enviaré la promesa de mi Padre sobre vosotros; pero quedaos vosotros en la ciudad de Jerusalén, hasta que seáis investidos de poder desde lo alto".*

Jesús enseñó a sus discípulos a través de una parábola cómo deberían buscar con insistencia la presencia del Espíritu Santo en sus vidas. El Padre quiere darles el Espíritu, pero les toca a ustedes abrigar ese deseo ardiente en sus corazones para recibirlo: Lucas 11:9-13: *"Y yo os digo: Pedid, y se os dará; buscad, y hallaréis; llamad, y se os abrirá. Porque todo aquel que pide, recibe; y el que busca, halla; y al que llama, le abrirá.¿Qué padre de vosotros, si su hijo le pide pan, le dará una piedra? ¿O si pescado, en lugar de pescado, le dará una serpiente?¿O si le pide un huevo, le dará un escorpión? Pues si vosotros, siendo malos, sabéis dar buenas dádivas a vuestros hijos, ¿cuánto más vuestro Padre celestial dará el Espíritu Santo a los que se lo pidan?"*

Jesús anhelaba que sus discípulos tuvieran lo que él tuvo durante su ministerio terrenal: el poder de la unción del Espíritu Santo; fue la razón por la que expresó sus últimas palabras a ellos antes de ascender al Padre: Hechos 1:8-9: *"Pero recibiréis poder, cuando haya venido sobre vosotros el Espíritu Santo, y me seréis testigos en Jerusalén, en toda Judea, en Samaria, y hasta lo último de la tierra. Y habiendo dicho estas cosas, viéndolo ellos, fue alzado, y le recibió una nube que le ocultó de sus ojos".*

El Día de Pentecostés, cuando se cumplió la promesa de la venida del Espíritu Santo sobre los que fueron obedientes en esperar su llegada, se inauguraba una nueva era para la iglesia del reino de Dios. El cumplimiento de la promesa de Jesús, de enviar el Espíritu Santo a sus discípulos, fue acompañado de una serie de eventos sobrenaturales como el viento recio, las lenguas de fuego, hablar en otros idiomas, oír las buenas nuevas en sus propios idiomas y en la culminación de la salvación de tres mil personas, como se relatan estos acontecimientos en Hechos.[3]

En el Antiguo Testamento Dios daba de su Espíritu a las personas que llamaba para cumplir una misión específica entre su pueblo. El Espíritu fue enviado a un número limitado de personas dotándolos de un poder sobrenatural, como en el caso de David y otros: 1 Samuel 16:3 *"Y Samuel tomó el cuerno del aceite, y lo ungió en medio de sus hermanos; y desde aquel día en adelante el Espíritu de Jehová vino sobre David".*

En la nueva dispensación de la iglesia, el Espíritu Santo está ahora disponible a todos para guiar, empoderar y enseñar a la iglesia en todo lo relacionado con la misión de Dios: Lucas 14:26 *"Mas el Consolador, el Espíritu Santo, a quien el Padre enviará en mi nombre, él os enseñará todas las cosas, y os recordará todo lo que yo os he dicho"*. La iglesia del Señor Jesucristo cuenta con la bendición de tener a su disposición el poder del Espíritu Santo. El libro de Hechos relata el testimonio del poder del Espíritu sobre la iglesia. En los momentos difíciles de persecución la iglesia tenía la certeza de que el Espíritu Santo les fortalecería y les ayudaría en el cumplimiento de la misión: Hechos 4:29-31: *"Y ahora, Señor, mira sus amenazas, y concede a tus siervos que con todo denuedo hablen tu palabra, mientras extiendes tu mano para que se hagan sanidades y señales y prodigios mediante el nombre de tu santo Hijo Jesús. Cuando hubieron orado, el lugar en que estaban congregados tembló; y todos fueron llenos del Espíritu Santo, y hablaban con denuedo la palabra de Dios"*.

La Iglesia Primitiva era guiada y acompañada por el Espíritu para avanzar la misión del reino, sus miembros estaban llenos del poder del Espíritu. El primer mártir registrado en la historia de la iglesia fue *"Esteban, lleno de gracia y de poder, hacía grandes prodigios y señales entre el pueblo"*. El Espíritu ayudaba a la iglesia a cumplir con su propósito de ser testigos en dondequiera que fueran y en las circunstancias de amenazas que vivían, como en el caso de Felipe cuando huía de la persecución que se desató en Jerusalén: Hechos 8:5-8: *"Entonces Felipe, descendiendo a la ciudad de Samaria, les predicaba a Cristo. Y la gente, unánime, escuchaba atentamente las cosas que decía Felipe, oyendo y viendo las señales que hacía. Porque de muchos que tenían espíritus inmundos, salían éstos dando grandes voces; y muchos paralíticos y cojos eran sanados; así que había gran gozo en aquella ciudad"*.

El apóstol Pablo ministraba en el poder del Espíritu y declaraba que su predicación no dependía de sus conocimientos humanos sino del poder de Dios: 1 Corintios 2:4-5 *"Y ni mi palabra ni mi predicación fue con palabras persuasivas de humana sabiduría, sino con demostración del Espíritu y de poder, para que vuestra fe no esté fundada en la sabiduría de los hombres, sino en el poder de Dios".*

El apóstol Pablo le recuerda a la iglesia de Tesalónica cómo les fueron anunciadas las buenas nuevas: 1 Tesalonicenses 1:5 *"Pues nuestro evangelio no llegó a vosotros en palabras solamente, sino también en poder, en el Espíritu Santo y en plena certidumbre, como bien sabéis cuáles fuimos entre vosotros por amor de vosotros".*

El Espíritu Santo es la fuente indispensable de poder de la iglesia para cumplir fiel y eficazmente la misión del reino. "El Espíritu Santo nos convence, limpia, llena y da poder a medida que la gracia de Dios nos trasforma día tras día en un pueblo de amor, de disciplina espiritual, pureza ética, rectitud moral, compasión y justicia".[4] La iglesia tiene que depender absolutamente del poder del Espíritu Santo para enfrentar las oposiciones de las tinieblas y avanzar el reino de Dios como lo hizo Jesús y la Iglesia Primitiva. Las biografías de los grandes siervos y siervas de Dios que han causado un impacto significativo en el establecimiento y avance de la misión de la iglesia testifican de una experiencia extraordinaria con el Espíritu Santo.

"James Hervey, uno de los colegas de ministerio de Juan Wesley, usa estas palabras para narrar la diferencia que marcó el Espíritu Santo en el ministerio de Wesley: 'Aunque su prédica había sido como el disparo de una flecha, dependiendo de toda la fuerza y velocidad de su brazo para tensar el arco, ahora era como disparar una bala de rifle en que toda la fuerza dependía del poder que sólo necesitaba un dedo para desencadenarlo'".[4]

El Dr. Phineas E. Bresee, fundador de la Iglesia del Nazareno, relató al escritor de su biografía, Carl Bangs, una experiencia extraordinaria con el Espíritu Santo que le sucedió dos años después de su pastorado en la Iglesia de Fort, California:

"A pesar del éxito que tenía estaba continua y sinceramente orando, pidiéndole a Dios que me diera una experiencia que satisficiera mis necesidades. Cierta tarde me senté en la sala de mi casa y comencé a orar y, después de un tiempo, una bola de fuego como un meteorito vino hacia mí y escuché una voz que me decía: 'trágala, trágala' y al instante vino sobre mi rostro y labios. Traté de obedecer a la voz y tragué un poco y una sensación como de fuego se mantuvo en mí por varios días. Eso transformó mi corazón y fue una bendición para mi vida y una gloria de unción que nunca antes había experimentado. Sentí que la necesidad de satisfacción que buscaba para mi vida, había sido satisfecha. Eso trajo a mi vida un nuevo elemento espiritual y de poder. Después de esa experiencia vi que más personas se convertían".[5]

Estos dos grandes héroes de la fe han marcado un impacto en el avance de la misión del reino de Dios en sus tiempos y han trascendido las fronteras donde realizaron sus ministerios. Ahora los que proclaman una herencia teológica y doctrinal de estos dos siervos de Dios buscarán una experiencia con el Espíritu Santo en el cumplimiento de la misión: "¡Oh, mis colegas cristianos! Necesitamos ser empapados con un nuevo derramamiento del Espíritu sobre nosotros; necesitamos que el poder de Dios descienda una y otra vez sobre nosotros, que entre en nosotros, que nos llene, que nos embeba hasta que podamos decir verdaderamente sobre nuestras vidas 'no yo, sino Cristo' y sobre nuestros ministerios 'no yo, sino el Espíritu de Dios'".[6]

Preguntas de Reflexión

1. ¿Cómo le ha impactado este capítulo acerca de la vida y ministerio de Jesús al recibir el Espíritu Santo para acompañarlo con poder y unción en el cumplimiento de la misión?

2. ¿Cómo le han servido las promesas de Jesús del Espíritu Santo a sus discípulos?

3. ¿Qué otros pasajes bíblicos usaría usted para este capítulo?

3. ¿Cómo le ha inspirado la vida de los siervos de Dios llena del poder del Espíritu Santo en el cumplimiento de la misión?

4. Conteste en una escala del 1 al 10 en la que el máximo puntaje a esta pregunta es 10:

5. ¿En estos días cómo siente que su vida es guiada por la unción y poder del Espíritu Santo en el cumplimiento de

la misión? ^{Zacarías 4:6:} *"Entonces respondió y me habló diciendo: Esta es palabra de Jehová a Zorobabel, que dice: No con ejército, ni con fuerza, sino con mi Espíritu, ha dicho Jehová de los ejércitos".*

6. ¿Qué debo hacer para mantener la frescura de la unción y poder del Espíritu Santo en mi vida en el cumplimiento de la misión?

   Oh, jamás olvidaré la experiencia,
   La eficacia de su gracia
   Oh, jamás olvidaré la experiencia
   Del poder pentecostal
   —Himnario *Gracia y Devoción* #186

7. De ser posible dedique un tiempo a la oración y estudie los pasajes bíblicos que encontró para seguir reflexionando sobre el tema de este capítulo. ✝

Capítulo 3

Las Escrituras

^{Juan 5:39:} *"Escudriñad las Escrituras; porque a vosotros os parece que en ellas tenéis la vida eterna; y ellas son las que dan testimonio de mí".*

Jesús tenía un conocimiento pleno de las Sagradas Escrituras, a las que hacía referencia continuamente en el cumplimiento de la misión. Desde su temprana edad conversaba con los doctores de la ley, que eran los eruditos intérpretes de los libros sagrados del pueblo de Dios. ^{Lucas 2:46:} *"Y aconteció que tres días después le hallaron en el templo, sentado en medio de los doctores de la ley, oyéndoles y preguntándoles".*

En la confrontación de Jesús con Satanás en el desierto, él salió victorioso contra el engaño y asechanzas del diablo, citando las Sagradas Escrituras: ^{Mateo 4:4} *"(Jesús) respondió y dijo: Escrito está: No sólo de pan vivirá el hombre, sino de toda palabra que sale de la boca de Dios".*

Cada vez que Satanás le ofrecía algo para tentarlo, él le respondía con toda certeza: *"Escrito está también: No tentarás al Señor tu Dios".*

Jesús visitaba las sinagogas y afirmaba las enseñanzas de las Escrituras. "Las sinagogas eran muy importantes en la vida religiosa de los judíos. Durante el exilio, cuando los judíos no gozaban del templo, se establecieron las sinagogas como lugares para la adoración durante el sábado y como escuelas para los niños durante la semana".[1] Lucas registra el evento cuando Jesús visitó la sinagoga y se le dio a leer el libro del profeta Isaías, donde se encuentra una referencia del anuncio de la venida del Mesías (Isaías. 61:1-2). Al leer las Escrituras Jesús concluyó diciendo: "Hoy se ha cumplido esta Escritura delante de vosotros".

Los religiosos saduceos, que no creían en la resurrección, sostenían su propia interpretación acerca de la vida después de la muerte. Los saduceos abordaron el tema con Jesús, preguntándole si había resurrección de los muertos o no y usaron una referencia de la ley dada por Moisés para presentar su posición de no creer en la resurrección. Pero Jesús les corrigió con las Escrituras acerca de esa interpretación equivocada: Mateo 12:24-27 *"¿No erráis por esto, porque ignoráis las Escrituras, y el poder de Dios? Porque cuando resuciten de los muertos, ni se casarán ni se darán en casamiento, sino serán como los ángeles que están en los cielos. Pero respecto a que los muertos resucitan, ¿no habéis leído en el libro de Moisés cómo le habló Dios en la zarza, diciendo: Yo soy el Dios de Abraham, el Dios de Isaac y el Dios de Jacob? Dios no es Dios de muertos, sino Dios de vivos; así que vosotros mucho erráis".*

Jesús enseñaba y fundamentaba a sus discípulos con las Escrituras y, después de su resurrección, se les apareció a dos de ellos para confirmarlos: Lucas 24:27 *"Y comenzando desde Moisés, y siguiendo por todos los profetas, les declaraba en todas las Escrituras lo que de él decían".*

> **Jesús enseñaba y fundamentaba a sus discípulos con las Escrituras y, después de su resurrección, se les apareció a dos de ellos para confirmarlos: Lucas 24:27**

Los apóstoles usaban las Escrituras para dar testimonio del plan de Dios en la persona de su Hijo Jesucristo. Para explicar el fenómeno de la venida del Espíritu Santo, el apóstol Pedro, en el Día de Pentecostés, hizo referencia a las Escrituras: Hechos 2:16-18 *"Mas esto es lo dicho por el profeta Joel: Y en los postreros días, dice Dios, Derramaré de mi Espíritu sobre toda carne, Y vuestros hijos y vuestras hijas profetizarán; vuestros jóvenes verán visiones, Y vuestros ancianos soñarán sueños; y de cierto sobre mis siervos y sobre mis siervas en aquellos días Derramaré de mi Espíritu, y profetizarán".*

El diácono Felipe usó las Escrituras para evangelizar al eunuco de Etiopía. Hechos 8:35: *"Entonces Felipe, abriendo su boca, y comenzando desde esta escritura, le anunció el evangelio de Jesús".*

Cuando el apóstol Pablo llegó a la ciudad de Berea les enseñaba acerca de Jesucristo por medio de las Escrituras.

Hechos 17:11-12: *"Y éstos eran más nobles que los que estaban en Tesalónica, pues recibieron la palabra con toda solicitud, escudriñando cada día las Escrituras para ver si estas cosas eran así. Así que creyeron muchos de ellos, y mujeres griegas de distinción, y no pocos hombres".*

La fuente para las enseñanzas doctrinales de la iglesia naciente sobre el plan salvífico de Dios en la persona de Jesucristo fue fundamentada en los libros Sagrados de las Escrituras:

1 Corintios 15:3-4 *"Porque primeramente os he enseñado lo que asimismo recibí: Que Cristo murió por nuestros pecados, conforme a las Escrituras; y que fue sepultado, y que resucitó al tercer día, conforme a las Escrituras".*

A través de la historia se ha tratado de mantener las doctrinas cardinales de las iglesias basadas en la fuente de la revelación de las Sagradas Escrituras. La iglesia del Nazareno en sus artículos de fe del *Manual* declara lo siguiente:

"Creemos en la inspiración plenaria de las Sagradas Escrituras, por las cuales aceptamos los 66 libros del Antiguo y Nuevo Testamentos dados por inspiración divina, revelando infaliblemente la voluntad de Dios respecto a nosotros en todo lo necesario para nuestra salvación, de manera que no se debe imponer como Artículo de Fe ninguna enseñanza que no esté en ellas".[2]

Los hombres y mujeres que Dios ha usado para impactar su mundo, que han vivido bajo la convicción de la revelación divina de las Escrituras, como Martín Lutero, Juan Wesley y otros, han declarado que sus vidas y enseñanzas se basan en la "Sola Escritura". Wesley dijo: "Soy hombre de un solo libro".

"Conocer y obedecer la Palabra de Dios es arma eficaz contra la tentación, la única *ofensiva* provista en la «armadura» de Dios (Efesios 6.17). Jesús usó la Escritura para enfrentar los ataques de Satanás y usted puede hacerlo también. Pero, a fin de usarla con eficacia, debe tener fe en las promesas de Dios porque Satanás también sabe las Escrituras y es experto en torcerlas para que se ajusten a sus propósitos. Obedecer las Escrituras es más importante que vontar con un simple versículo que mencionar, de manera que léalos a diario y aplíquelos a su vida. Así su «espada» siempre tendrá filo".[3]

Preguntas de Reflexión

1. ¿Cómo le ha impactado este capítulo sobre el uso de las Escrituras por Jesús en el cumplimiento de la misión?

2. ¿Cómo le han servido las enseñanzas de Jesús a sus discípulos con las Escrituras?

3. ¿Qué otros pasajes bíblicos usaría usted para este capítulo?

4. ¿Cómo le ha inspirado el uso de las Escrituras por los apóstoles en el cumplimiento de la misión?

5. Conteste en una escala del 1 al 10 en la que el máximo puntaje a esta pregunta es 10: . ¿Qué tanto usa usted las Escrituras en el cumplimiento de la misión?

   Josué 1:8: *"Nunca se apartará de tu boca este libro de la ley, sino que de día y de noche meditarás en él, para que guardes y hagas conforme a todo lo que en él está escrito; porque entonces harás prosperar tu camino, y todo te saldrá bien"*.

6. ¿Cómo puedo mantener una vida devocional con la lectura de las Escrituras?

   Santa Biblia, para mí
   Eres un tesoro aquí;
   Tú contienes con verdad
   La divina voluntad;
   Tú me dices lo que soy,
   De quién vine y a quién voy
   —Himnario *Gracia y Devoción* #241.

7. De ser posible dedique un tiempo a la oración y estudie los pasajes bíblicos que encontró para seguir reflexionando sobre el tema de este capítulo. ✝

Capítulo 4

La Relación Íntima con el Padre

Juan 8:29-30: *"Porque el que me envió, conmigo está; no me ha dejado solo el Padre, porque yo hago siempre lo que le agrada. Hablando él estas cosas, muchos creyeron en él".*

En todo su ministerio Jesús vivió en total dependencia y relación con el Padre. Su relación con él fue una muestra de sujeción a su autoridad, quien le había enviado para cumplir la misión del reino. Esa dependencia del Padre mostraba que no hacía su voluntad propia sino la de él.

Desde su temprana edad Jesús estableció que vino para hacer la voluntad del Padre. En la ocasión en que Jesús fue con sus padres terrenales a la celebración de la Pascua buscó la oportunidad de conversar con los doctores de la ley. Fue tanto su interés que aparentemente perdió la noción del tiempo del regreso de sus padres a Nazaret.

"Los que asistían a esas festividades, a menudo viajaban en caravanas para protegerse de los asaltos en los caminos de Palestina. Se acostumbraba que mujeres y niños viajaran al frente de la caravana y que los hombres cerraran la marcha. A los 12 años, un niño podía participar en cualquiera de los dos grupos y María y José pensaron que Jesús estaba en el grupo del otro. Pero cuando la caravana dejaba Jerusalén, Jesús se quedó cautivado en su discusión con los líderes religiosos".[1]

Después de haber caminado María y José por un día, notaron que el adolescente Jesús no estaba en la compañía de los viajeros que regresaban a su ciudad. Obviamente se preocuparon al no verlo y decidieron regresar a Jerusalén donde lo encontraron: Lucas 2:48-49 *"He aquí, tu padre y yo te hemos buscado con angustia. Entonces él les dijo: ¿Por qué me buscabais? ¿No sabíais que en los negocios de mi Padre me es necesario estar?"*

Jesús se identificaba plenamente con el Padre y podía decir que él era su manifestación. Juan 14:7: *"Si me conocieseis, también a mi Padre conoceríais; y desde ahora le conocéis, y le habéis visto".* Solo el hijo que tiene la seguridad de una relación íntima con su padre puede pronunciar esas palabras de confianza, al decir "si me conocen a mí es como si conocieran a mi padre". Jesús tenía la certeza de que todo lo que él hacía y enseñaba acerca de la misión del reino era en obediencia al Padre. Él le dijo a Felipe, uno de sus discípulos: Juan 14:10-11 *"¿No crees que yo soy en el Padre, y el Padre en mí? Las palabras que yo os hablo, no las hablo por mi propia cuenta, sino que el Padre que mora en mí, él hace las obras. Creedme que yo soy en el Padre, y el Padre en mí; de otra manera, creedme por las mismas obras".*

"Como Hijo, él se somete voluntariamente a la autoridad del Padre y declara: 'El Padre mayor es que yo' (Juan 14:28). Así pues, hay perfecta armonía en la Deidad. Gustosamente el Padre toma el lugar de la Cabeza y el Hijo responde con obediencia".[2]

> **El mensaje de Jesús de las buenas nuevas del reino era para dar a conocer al Padre misericordioso y amoroso, que quiere lo mejor para sus hijos de la raza humana.**

El mensaje de Jesús de las buenas nuevas del reino era para dar a conocer al Padre misericordioso y amoroso, que quiere lo mejor para sus hijos de la raza humana. Los milagros de Jesús, de sanidad, echar fuera demonios, perdonar pecados y otros eran para que conocieran la voluntad del Padre y creyeran en él. Solo el hijo que tiene una relación de absoluta confianza con su padre se atreve a invitar a sus amigos a que vivan con él en su casa. Jesús invita a sus discípulos a vivir con él en la casa de su Padre: Juan 14:1-3 *"No se turbe vuestro corazón; creéis en Dios, creed también en mí. En la casa de mi Padre muchas moradas hay; si así no fuera, yo os lo hubiera dicho; voy, pues, a preparar lugar para vosotros. Y si me fuere y os preparare lugar, vendré otra vez, y os tomaré a mí mismo, para que donde yo estoy, vosotros también estéis".*

Jesús caminó íntimamente con el Padre hasta los últimos momentos de su vida en la tierra antes de ir a la cruz para la redención de la humanidad. Jesús sabía a dónde ir en los momentos de agonía y dolor, iba al Padre: Marcos 14:35-*36* *"Yéndose un poco adelante, se postró en tierra, y oró que si fuese posible, pasase de él aquella hora. Y decía: Abba, Padre, todas las cosas son posibles para ti; aparta de mí esta copa; mas no lo que yo quiero, sino lo que tú".*

En sus últimas palabras en la crucifixión Jesús entregó su espíritu y le rindió cuenta al Padre de que había cumplido la misión a la cual le había enviado: *"Consumado es. Y habiendo inclinado la cabeza, entregó el espíritu".*

Jesús quería que sus discípulos tuvieran confianza en él y con el Padre, así como la que él le tenía. Juan 14:13-14: *"Y todo lo que pidiereis al Padre en mi nombre, lo haré, para que el Padre sea glorificado en el Hijo. Si algo pidiereis en mi nombre, yo lo haré".* Los discípulos del Señor vivieron en total dependencia del Padre como Jesús les enseñó con su ejemplo. El apóstol Juan escribió a la iglesia: 1 Juan 1:3 *"Lo que hemos visto y oído, eso os anunciamos, para que también vosotros tengáis comunión con nosotros; y nuestra comunión verdaderamente es con el Padre, y con su Hijo Jesucristo".*

El apóstol Pablo hace la siguiente declaración: 1 Corintios 8:5-6 *"Pues aunque haya algunos que se llamen dioses, sea en el cielo, o en la tierra (como hay muchos dioses y muchos señores), para nosotros, sin embargo, sólo hay un Dios, el Padre, del cual proceden todas las cosas, y nosotros somos para él; y un Señor, Jesucristo, por medio del cual son todas las cosas, y nosotros por medio de él"*

En la carta de Santiago encontramos la siguiente referencia: Santiago 1:17-18 *"Toda buena dádiva y todo don perfecto desciende de lo alto, del Padre de las luces, en el cual no hay mudanza, ni sombra de variación. Él, de su voluntad, nos hizo nacer por la palabra de verdad, para que seamos primicias de sus criaturas".* Las enseñanzas de Jesús acerca del Padre penetraron en la vida de la Iglesia Primitiva. Los siervos y siervas de Dios aprenden a vivir en total dependencia en una relación íntima con el Padre, para no confiar en sus propias habilidades y conocimiento sino en una sujeción total a él.

"Dios se revela como Padre cariñoso, cercano a sus hijos, y sensitivo ante sus necesidades, por lo tanto les enseña, los ama, los ayuda y los sana. El crecimiento no es algo que Dios abandone a la casualidad; el Señor *nutre* conscientemente a sus hijos. El sentimiento de Dios hacia sus hijos está representado en el significado que se esconde tras el nombre de Oseas: «Liberador» o «el que ayuda». La raíz hebrea *yasha* indica que la liberación o la ayuda se ofrece por gracia y abiertamente, y a su vez provee un refugio seguro para cada hijo de Dios".[3]

Preguntas de Reflexión

1. ¿Cómo le ha impactado este capítulo sobre la relación íntima de Jesús con el Padre en el cumplimiento de la misión?

2. ¿Cómo le han servido las enseñanzas de Jesús a sus discípulos acerca del Padre?

3. ¿Qué otros pasajes bíblicos usaría usted para este capítulo?

4. ¿Cómo le han inspirado las enseñanzas de los apóstoles acerca del Padre?

5. Conteste en una escala del 1 al 10 en la que el máximo puntaje a esta pregunta es 10: ¿Qué tanto depende usted del Padre en el cumplimiento de la misión?

   Isaías 63:16 *"Pero tú eres nuestro padre, si bien Abraham nos ignora, e Israel no nos conoce; tú, oh Jehová, eres nuestro padre; nuestro Redentor perpetuo es tu nombre".*

6. ¿Cómo puedo mantener una relación íntima de confianza con el Padre?

   ¡Oh Padre, eterno Dios! Alzamos nuestra voz,
   En gratitud De cuanto tú nos das, Con sin igual amor,
   Hallando nuestra paz, en ti, Señor
   —Himnario *Gracia y Devoción* #16.

7. De ser posible dedique tiempo a la oración y estudie los pasajes bíblicos que encontró para seguir reflexionando sobre el tema de este capítulo. ✝

Capítulo 5

La Oración y el Ayuno

Marcos 1:35-39: *"Levantándose muy de mañana, siendo aún muy oscuro, salió y se fue a un lugar desierto, y allí oraba. Y le buscó Simón, y los que con él estaban; y hallándole, le dijeron: Todos te buscan. Él les dijo: Vamos a los lugares vecinos, para que predique también allí; porque para esto he venido. Y predicaba en las sinagogas de ellos en toda Galilea, y echaba fuera los demonios".*

Jesús practicó una vida disciplinada de oración y ayuno en el cumplimiento de la misión. Por medio de la oración Jesús estaba en constante comunión con el Padre. La oración fue esencial en su vida y ministerio. Los evangelios describen su vida de oración en todo tiempo. Lo más importante para él era iniciar su día en oración. Buscaba un lugar desierto para concentrarse y evitar los distractores que podían interrumpir su conversación con el Padre.

Jesús predicaba con autoridad el mensaje del reino y pasaba tiempo especial a solas con el Padre, para meditar y afirmar su corazón en la palabra que transmitiría a sus oyentes. En la confrontación con los demonios, Jesús se fortaleció en el poder de la oración y el ayuno para echarlos fuera y liberar a las personas oprimidas por espíritus malignos. Jesús practicaba la oración como disciplina espiritual, la cual le daba la convicción de contar con el respaldo del poder y la autoridad del Padre y del Espíritu Santo para sanar a los enfermos. El escritor del Evangelio de San Lucas presenta la vida devocional de Jesús en el cumplimiento de la misión: Lucas 5:15-16 *"Pero su fama se extendía más y más; y se reunía mucha gente para oírle, y para que les sanase de sus enfermedades. Mas él se apartaba a lugares desiertos, y oraba".*

Jesús no sólo se disciplinaba a orar por las mañanas, sino también después de un día de ministración. En cierta ocasión había pasado largas horas enseñado a la multitud, sin duda alguna estaba muy cansado, pero sabía cómo recibir nuevas fuerzas: pasando tiempo en oración y dando gracias al Padre:

Mateo 15:23 *"Despedida la multitud, subió al monte a orar aparte; y cuando llegó la noche, estaba allí solo".*

Jesús también acostumbraba a orar en público para pedir la bendición del Padre, como en el milagro de multiplicar unos pocos panes y peces para alimentar a la multitud que había ministrado. Después de un largo día Jesús quería completar sus enseñanzas con la acción de satisfacer la necesidad básica de las personas, como alimentarlos: Mateo 14:19 *"Entonces mandó a la gente recostarse sobre la hierba; y tomando los cinco panes y los dos peces, y levantando los ojos al cielo, bendijo, y partió y dio los panes a los discípulos, y los discípulos a la multitud".*

En algunas ocasiones Jesús invitaba a sus discípulos a que le acompañaran a orar. Enseñaba así a sus discípulos lo esencial de la oración, no solo en forma individual sino también colectiva. Jesús aprovechaba cada oportunidad para formar a sus discípulos, los cuales guiarían su iglesia:

Lucas 9:18-20 *"Aconteció que mientras Jesús oraba aparte, estaban con él los discípulos; y les preguntó, diciendo: ¿Quién dice la gente que soy yo? Ellos respondieron: Unos, Juan el Bautista; otros, Elías; y otros, que algún profeta de los antiguos ha resucitado. Él les dijo: ¿Y vosotros, quién decís que soy? Entonces respondiendo Pedro, dijo: El Cristo de Dios".*

La vida ejemplar de oración de Jesús impactó a sus discípulos, quienes anhelaban una vida disciplinada de oración como la del Maestro. Al ver la dedicación y consistencia de Jesús, querían ser como él, por ello le pidieron que les enseñara a orar. En esa ocasión Jesús introdujo la oración del "Padre Nuestro": Lucas 11:1-4 *"Aconteció que estaba Jesús orando en un lugar, y cuando terminó, uno de sus discípulos le dijo: Señor, enséñanos a orar, como también Juan enseñó a sus discípulos. Y les dijo: Cuando oréis, decid: Padre nuestro que estás en los cielos, santificado sea tu nombre. Venga tu reino. Hágase tu voluntad, como en el cielo, así también en la tierra. El pan nuestro de cada día, dánoslo hoy. Y perdónanos nuestros pecados, porque también nosotros perdonamos a todos los que nos deben. Y no nos metas en tentación, mas líbranos del mal".*

Los rabinos usaban la oración para formar y cultivar la vida espiritual de sus discípulos; Jesús les dio la oración modelo para acercase al Padre.

"Esta oración puede ser un modelo para nuestras oraciones. Debemos alabar a Dios, orar por su obra en el mundo, por nuestras necesidades cotidianas y solicitar su ayuda en nuestros conflictos diarios. La frase «Padre nuestro que estás en los cielos» indica que Dios no solo es majestuoso y santo, sino también personal y amoroso. El primer renglón de esta oración modelo es una declaración de alabanza y dedicación a honrar el nombre santo de Dios".[1]

Los discípulos aprendieron muy bien la lección del modelo del Padre Nuestro, de iniciar primeramente reconociendo la grandeza del Dios santo y todopoderoso. Aun en los momentos más críticos como cuando se encontraban bajo amenazas y persecución, la iglesia no olvidó cómo iniciar la oración, con alabanza al Dios de toda la creación: Hechos 4:24 *"Y ellos, habiéndolo oído, alzaron unánimes la voz a Dios, y dijeron: Soberano Señor, tú eres el Dios que hiciste el cielo y la tierra, el mar y todo lo que en ellos hay".*

En cierta ocasión un padre angustiado por su hijo lo llevó ante los discípulos para que fuese sanado. Jesús no se encontraba en aquel momento y los discípulos intentaron sanarlo, pero se vieron imposibilitados ante aquella situación de no poder sanarlo. Cuando Jesús llegó, el padre del jovene dijo:

Mateo 17:15-21 *"Señor, ten misericordia de mi hijo, que es lunático, y padece muchísimo; porque muchas veces cae en el fuego, y muchas en el agua. Y lo he traído a tus discípulos, pero no le han podido sanar. Respondiendo Jesús, dijo: ¡Oh generación incrédula y perversa! ¿Hasta cuándo he de estar con vosotros? ¿Hasta cuándo os he de soportar? Traédmelo acá. Y reprendió Jesús al demonio, el cual salió del muchacho, y éste quedó sano desde aquella hora. Viniendo entonces los discípulos a Jesús, aparte, dijeron: ¿Por qué nosotros no pudimos echarlo fuera? Jesús les dijo: Por vuestra poca fe; porque de cierto os digo, que si tuviereis fe como un grano de mostaza, diréis a este monte: Pásate de aquí allá, y se pasará; y nada os será imposible. Pero este género no sale sino con oración y ayuno".*

Jesús usó esa ocasión para enfatizar a sus discípulos lo esencial de la oración y el ayuno en sus vidas para enfrentar situaciones difíciles, como la de aquel muchacho poseído por un demonio que lo oprimía. Los apóstoles en su responsabilidad de guiar a la iglesia naciente necesitaban poner en práctica todas las enseñanzas del Maestro. A medida que la iglesia crecía encontraban desafíos, como la queja o murmuración de la falta de atención diaria en las mesas a las viudas griegas y hebreas. El caso fue presentado a los apóstoles para que le dieran solución a lo que podía fragmentar a la nueva comunidad de fe.

Los apóstoles en consulta optaron por delegar la responsabilidad de la distribución de los alimentos a las viudas, a un grupo de hombres llenos del Espíritu Santo, para que ellos se dedicaran a la tarea más importante de dirigir a la iglesia: Hechos. 6:4 *"Y nosotros persistiremos en la oración y en el ministerio de la palabra"*. Los discípulos habían aprendido del

Jesús predicaba con autoridad el mensaje del reino y pasaba tiempo especial a solas con el Padre, para meditar y afirmar su corazón en la palabra que

Maestro que para cumplir con la misión del reino, se necesita una vida consagrada a la devoción de la oración y la proclamación de las buenas nuevas del reino.

El apóstol Pablo fue un hombre de oración y ayuno, quien exhortaba a la iglesia a vivir en esa disciplina espiritual: Filipenses 4:6 *"Por nada estéis afanosos, sino sean conocidas vuestras peticiones delante de Dios en toda oración y ruego, con acción de gracias"*. 2 Corintios 6:4-5: *"Antes bien, nos recomendamos en todo como ministros de Dios, en mucha paciencia, en tribulaciones, en necesidades, en angustias; en azotes, en cárceles, en tumultos, en trabajos, en desvelos, en ayunos"*.

Dios ha usado a hombres y mujeres en forma muy especial para gestar grandes avivamientos. Una de las características marcadas en sus vidas ha sido la disciplina espiritual de la oración y el ayuno. Ellos ministraron y descansaron en una vida de oración y ayuno en el cumplimiento de la misión. Esos hombres y mujeres han dejado sus huellas en la historia de la iglesia con el impacto que tuvieron en su tiempo. Hombres de Dios como Charles G. Finney:

"Después de haber sido ordenado en 1824, celebró sus primeras reuniones regulares en un lugar de la ciudad de Nueva York, donde predicó varias semanas, pero sin resultados. Finney pasó el día siguiente en ayuno y oración y, esa noche, vino sobre él un desusado sentido de unción y poder... Durante toda la noche lo buscaron personas pidiéndole que fuera a orar con ellos, hasta ateos endurecidos que se arrepintieron y fueron salvos".[2]

Otro hombre fue el escocés Duncan Campbell, quien fue poderosamente usado por Dios para iniciar un avivamiento en las Islas Hébridas, el cual comenzó en diciembre de 1949 y continuó en los años sucesivos:

"Duncan enfrentó enconada oposición cuando empezó el ministerio en una de las islas escocesas, por cuyas sendas iba en la noche pidiendo la ayuda de Dios mientras oraba. Tres jóvenes recibieron una gran carga de oración y oraron toda la noche en sus hogares mientras que Duncan hacía lo mismo en un establo. En la tarde siguiente el poder de Dios cayó sobre las reuniones. Las multitudes eran tan impresionadas con la convicción del Espíritu Santo que se quejaban implorando misericordia".[3]

Juan Wesley dejó un legado con su vida devocional de oración y ayuno. Wesley no sólo practicaba la disciplina de la oración y el ayuno, sino también quería que todos sus ministros la practicaran al grado de que era una de las preguntas que hacía a sus ministros: "¿Han estado ayunando y orando por algunos días? Vayan al trono de gracia y perseveren ahí, la misericordia descenderá".[4]

El santo dotado ministro de la Iglesia de Escocia, Robert Murray McCheyne, decía: "Es mejor, por lo general, pasar una hora a solas con Dios antes de comprometerse con cualquier otra cosa. Debo pasar las mejores horas del día en comunión con Dios".[5]

Preguntas de Reflexión

1. ¿Cómo le ha impactado este capítulo sobre la oración y el ayuno en la vida de Jesús en el cumplimiento de la misión?

2. ¿Cómo le han servido las enseñanzas de Jesús acerca de la oración y el ayuno?

3. ¿Qué otros pasajes bíblicos usaría usted para este capítulo?

4. ¿Cómo le han inspirado las enseñanzas y práctica de los apóstoles y de los siervos de Dios acerca de la oración y el ayuno?

5. Conteste en una escala del 1 al 10 en la que el máximo puntaje a esta pregunta es 10: ¿Qué tanto practica usted la disciplina espiritual de la oración y el ayuno?

Nehemías 1:4-6: *"Cuando oí estas palabras me senté y lloré, e hice duelo por algunos días, y ayuné y oré delante del Dios de los cielos. Y dije: Te ruego, oh Jehová, Dios de los cielos, fuerte, grande y temible, que guarda el pacto y la misericordia a los que le aman y guardan sus mandamientos; esté ahora atento tu oído y abiertos tus ojos para oír la oración de tu siervo..."*

6. ¿Cómo puedo mantener una vida de oración y ayuno?

   Cual un suspiro es la oración. ¿Oras tú?
   Es el escudo en la tentación. ¿Oras tú?
   Si de tinieblas rodeado vas,
   Si del sendero indeciso estás,
   La voluntad divina sabrás,
   Si oras al Señor.
   —Himnario *Gracia y Devoción* #30

7. De ser posible dedique un tiempo a la oración y estudie los pasajes bíblicos que encontró para seguir reflexionando sobre el tema de este capítulo. ✞

Capítulo 6

La Elección de los Apóstoles

Lucas 6:12-13: *"En aquellos días él fue al monte a orar, y pasó la noche orando a Dios. Y cuando era de día, llamó a sus discípulos, y escogió a doce de ellos, a los cuales también llamó apóstoles".*

Jesús llamó y seleccionó a un grupo de hombres para que le acompañaran en el cumplimiento de la misión. Aquellos hombres provenían de diferente trasfondo profesional y socio-económico. Los discípulos no eran las personas mejor preparadas ni calificadas, pero Jesús estaba viendo en ellos un gran potencial para la misión del reino.

Los evangelios describen lo heterogéneo de personalidades y profesiones de los discípulos. No provenían de una élite religiosa con preparación ni credenciales académicas, ni de un estatus económico de privilegio. Varios de los discípulos eran hombres rústicos de la mar, dedicados a la pesca como profesión, que estaban acostumbrados a los desafíos de las noches de pesca en el mar de Galilea: Mateo 4:18-22: *"Andando Jesús junto al mar de Galilea, vio a dos hermanos, Simón, llamado Pedro, y Andrés su hermano, que echaban la red en el mar; porque eran pescadores. Y les dijo: Venid en pos de mí, y os haré pescadores de hombres. Ellos entonces, dejando al instante las redes, le siguieron. Pasando de allí, vio a otros dos hermanos, Jacobo hijo de Zebedeo, y Juan su hermano, en la barca con Zebedeo su padre, que remendaban sus redes; y los llamó. Y ellos, dejando al instante la barca y a su padre, le siguieron".*

Uno de los discípulos provenía de una profesión de no muy buena reputación nacional entre los judíos: Lucas 5:27-28 *"Después de estas cosas salió, y vio a un pu-*

blicano llamado *Leví, sentado al banco de los tributos públicos, y le dijo: Sígueme. Y dejándolo todo, se levantó y le siguió"*. Aquel hombre, que servía a los intereses del gobierno romano, el cual demandaba impuestos de los ciudadanos judíos para sostener los placeres e idolatría del imperio.

Jesús pasaría sus siguientes tres años de su ministerio formando a ese grupo de hombres para que le ayudaran en el cumplimiento de la misión. Aunque no eran los mejor calificados, Jesús sabía que al invertir tiempo capacitándolos, ellos serían los portavoces de las Buenas Nuevas del reino. Lucas 9:1-6: *"Habiendo reunido a sus doce discípulos, les dio poder y autoridad sobre todos los demonios, y para sanar enfermedades. Y los envió a*

La mejor estrategia de Jesús para establecer y avanzar su misión con mayor efectividad consistió en cultivar la vida de sus discípulos en el cumplimento de la misión.

predicar el reino de Dios, y a sanar a los enfermos. Y les dijo: No toméis nada para el camino, ni bordón, ni alforja, ni pan, ni dinero; ni llevéis dos túnicas. Y en cualquier casa donde entréis, quedad allí, y de allí salid. Y dondequiera que no os recibieren, salid de aquella ciudad, y sacudid el polvo de vuestros pies en testimonio contra ellos. Y saliendo, pasaban por todas las aldeas, anunciando el evangelio y sanando por todas partes".

Jesús, en su humanidad, no tenía la capacidad de estar en diferentes lugares al mismo tiempo y estaba consciente de que su ministerio sería de corto tiempo. La mejor estrategia de Jesús para establecer y avanzar su misión con mayor efectividad consistió en cultivar la vida de sus discípulos en el cumplimento de la misión.

Jesús envió a sus discípulos en su poder y autoridad para que hicieran lo mismo que él hacía: predicar las Buenas Nuevas del reino, echar fuera demonios y sanar enfermos. Los pescadores, cobradores de impuestos, nacionalistas como Judas el Zelote y los otros discípulos serían la voz, los pies y las manos del Maestro, él se estaba multiplicando en ellos. Ellos se convertirían en los maestros para llevar las enseñanzas de las verdades del reino a las diferentes ciudades y vecindades de Israel. Jesús escogió a aquellos hombres con poco o ningún conocimiento de la academia intelectual de sus días ni de las credenciales religiosas para que la gloria no fuera de ellos sino del que los enviaba, el Maestro Jesús. Los discípulos cumplieron la misión con efectividad.

Los hombres comunes de Galilea llevarían adelante la misión de la iglesia de Jesucristo. Serían reconocidos aun por los gobernantes y las autoridades religiosas de Jerusalén: Hechos 4:13 *"Entonces viendo el denuedo de Pedro y de Juan, y sabiendo que eran hombres sin letras y del vulgo, se maravillaban; y les reconocían que habían estado con Jesús"*.

Ellos habían pasado tiempo con Jesús y era evidente ante todos que el Maestro se había reproducido en sus discípulos. Los discípulos llegaron a ser una fuerza que ninguna estructura religiosa o política podría detener en el avance de la misión del reino, Jesús los había capacitado para la misión. Los discípulos investidos y guiados por el poder del Espíritu Santo estaban cimentando las bases de las enseñanzas de la iglesia. Hechos 2:41-42: *"Así que, los que recibieron su palabra fueron bautizados; y se añadieron aquel día como tres mil personas. Y perseveraban en la doctrina de los apóstoles, en la comunión unos con otros, en el partimiento del pan y en las oraciones"*.

Con poca o ninguna preparación "administrativa o teológica" previa cuando Jesús los llamó, los apóstoles se encuentran ahora dirigiendo el movimiento de la nueva fe cristiana y atendiendo los asuntos esenciales de la iglesia. El Maestro los había formado con los valores y principios del reino para que llevaran adelante la misión de la iglesia. Surgió entonces una fuerte controversia sobre la enseñanza judaizante y cómo se aplicaría a los nuevos convertidos al cristianismo, particularmente los que no tenían trasfondo de la religión judía. Los apóstoles deliberaron con la sabiduría del Espíritu para llegar a un conceso sobre cómo se adaptarían las enseñanzas del judaísmo a la nueva fe en Jesucristo. Enviaron la resolución del concilio para que las iglesias se rigieran bajo esas prácticas y no se les impusieran los elementos adicionales del judaísmo: Hechos 15:22-23 *"Entonces pareció bien a los apóstoles y a los ancianos, con toda la iglesia, elegir de entre ellos varones y enviarlos a Antioquía con Pablo y Bernabé: a Judas que tenía por sobrenombre Barsabás, y a Silas, varones principales entre los hermanos; y escribir por conducto de ellos"*.

La nueva fe cristiana llegaría a ser el movimiento religioso más influyente de toda la historia humana. Los discípulos, hombres ordinarios, llegaron a enseñar y a hacer cosas extraordinarias en la autoridad del Maestro Jesucristo y en el poder de su Espíritu.

El apóstol Pablo aplicó el principio del discipulado; sabía que era la estrategia más efectiva que el Maestro había usado para formar a sus discípulos en el establecimiento y avance del reino de Dios. El apóstol Pablo seleccionó a un grupo de hombres y mujeres para reproducirse en ellos y de esa forma continuar la expansión de la misión de la iglesia. Específicamente le aconseja a Timoteo que se dedique a la formación de otras personas para el cumplimiento de la misión de la iglesia.

2 Tim 2:1-2: *"Tú, pues, hijo mío, esfuérzate en la gracia que es en Cristo Jesús. Lo que has oído de mí ante muchos testigos, esto encarga a hombres fieles que sean idóneos para enseñar también a otros"*.

A través de la historia cristiana hubo movimientos guiados por hombres y mujeres que impactaron sus comunidades y el mundo, usando el principio de la formación y multiplicación de discípulos. Juan Wesley comprendió la importancia del principio del discipulado de Jesús de invertir tiempo para formar a sus discípulos. Dedicó tiempo a formar a un grupo de personas que le ayudarían a avanzar el movimiento naciente el cual llegaría a conocerse como el metodismo wesleyano.

El programa del Plan del Maestro se está usado hoy como estrategia bíblica de evangelismo y discipulado. El Plan del Maestro sigue los pasos que Jesús, Pablo, Timoteo, Wesley y otros han usado en la formación de líderes en el cumplimiento de la misión. "El propósito del Plan del Maestro es ganar a la comunidad por medio del evangelio de Jesucristo, consolidando a los nuevos creyentes para que permanezcan fieles, obedientes al Señor y discipulando para que sean enviados como discípulos semejantes a Cristo".[1]

"El discipulado es un recorrido de toda una vida de obediencia a Cristo que transforma los valores y la conducta de una persona, que da como resultado el ministerio en el hogar, la iglesia y el mundo. Es un proceso de enseñanza a los nuevos ciudadanos del reino de Dios donde aprenden a amar, confiar y obedecer a Dios, donde se les enseña a ganar y capacitar a otros para que hagan lo mismo".[2]

Preguntas de Reflexión

1. ¿Cómo le ha impactado este capítulo sobre la formación de discípulos por Jesús en el cumplimiento de la misión?

2. ¿Cómo le han servido las enseñanzas de Jesús acerca del discipulado?

3. ¿Qué otros pasajes bíblicos usaría usted para este capítulo?

4. ¿Cómo le han inspirado las enseñanzas y prácticas de los apóstoles y de otros siervos acerca del discipulado?

5. Conteste en una escala del 1 al 10 en la que el máximo puntaje a esta pregunta es 10: ¿Qué tanto práctica usted el discipulado en la formación de líderes?

1 Reyes 19:19-20a: *"Partiendo él de allí, halló a Eliseo hijo de Safat, que araba con doce yuntas delante de sí, y él tenía la última. Y pasando Elías por delante de él, echó sobre él su manto. Entonces dejando él los bueyes, vino corriendo en pos de Elías..."*

6. ¿Cómo puedo mantener el ministerio de hacer discípulos semejantes a Cristo?

Hazme, oh Cristo como Tú eres,
Mi ser inunda con tu poder.
Ven en tu gloria, padre bendito,
Tú semejanza quiero tener.

—Himnario *Gracia y Devoción* # 401.

7. De ser posible dedique un tiempo a la oración y estudie los pasajes bíblicos que encontró para seguir reflexionando sobre el tema de este capítulo. ✞

Capítulo 7

La Predicación y la Actividad del Reino de Dios

Mateo 11:4-5: *"Respondiendo Jesús, les dijo: Id, y haced saber a Juan las cosas que oís y veis. Los ciegos ven, los cojos andan, los leprosos son limpiados, los sordos oyen, los muertos son resucitados, y a los pobres es anunciado el evangelio".*

Jesús vino para predicar y enseñar las verdades eternas del reino de Dios. Las multitudes lo seguían para escuchar las nuevas enseñanzas de la revelación de Dios a través de su Hijo. Estaban hambrientas y deseosas de escuchar a Jesús. El profeta de Galilea les hablaba con autoridad del cielo acerca del cielo. El anuncio de la predicación del reino fue introducido por Juan el Bautista en anticipación al ministerio del Mesías.

"Juan vino predicando el arrepentimiento porque el Reino de Dios se había acercado (Mateo 3:2). El ser israelita no aseguraba la entrada al Reino. Además, las obras apropiadas debían acompañar al arrepentimiento (Lc 3:8). El juicio estaba cerca, el hacha ya estaba puesta a la raíz de los árboles (Lc 3:9). A pesar de la aparente semejanza entre este mensaje y el que Jesús presentaría un poco después, todavía Juan imaginaba un reino político y terrenal. Cuando vio que no surgía tal Reino, Juan envió mensajeros para preguntar a Jesús (Mateo 11:2s). Jesús contestó en efecto que la presencia del Reino de Dios se verificaba en la curación de los enfermos, en la resurrección de los muertos y en la predicación del evangelio a los pobres (Mateo 11:4s). El carácter del Reino traído por Jesús no era político, literal ni terrenal, pero se demostraba en obras que apuntaban hacia una restauración total".[1]

Las enseñanzas de Jesús acerca del reino de Dios eran muy diferentes de las de los religiosos de su tiempo. También diferían de las enseñanzas populares y políticas acerca de la restauración del reino davídico en una manifestación de liberación política de toda imposición y fuerza extranjera.

"Entre los dos testamentos (Antiguo y Nuevo) surgió un marcado mesianismo que proclamaba la restauración del reinado de Israel. Esta esperanza renovada tomó muchas formas, pero la más común era la del libro seudoepigráfico *Salmos de Salomón* (17:23–51): el hijo de David, el Mesías, derrotaría a los enemigos gentiles. Como regidor de Israel, capitanearía las fuerzas que dominarían a todas las naciones; estas subirían a Jerusalén para glorificar a Jehová. En otras palabras, se presenta un reino político de justicia en el cual el Mesías e Israel encabezan a todo el mundo. Los zelotes en el tiempo de Jesús tenían esperanzas mesiánicas parecidas, con la diferencia de que ellos mismos establecerían el reino por medio de la sublevación armada".[2]

Una nueva voz profética había llegado al pueblo de Israel y la gente quería escuchar sus enseñanzas. La multitud que seguía y escuchaba a Jesús eran en su gran mayoría los pobres, los marginados por la sociedad y la religiosidad del "status quo". El profeta de Galilea se identificaba con sus oyentes por su trasfondo. Natanael, quien sería su discípulo, cuando escuchó del trasfondo de la localidad de Jesús cuestionó su identidad mesiánica: ^{Juan 1:45-46} *"Felipe halló a Natanael, y le dijo: Hemos hallado a aquél de quien escribió Moisés en la ley, así como los profetas: a Jesús, el hijo de José, de Nazaret. Natanael le dijo: ¿De Nazaret puede salir algo de bueno?"*

"… Cortada del resto del país, Galilea nunca fue parte integral de la «tierra prometida». Sin embargo, esta fue la región que proporcionó un hogar para Jesús y sus primeros discípulos y constituyó su primer campo misionero. Antes de la Pasión, la mayoría de las narraciones evangélicas se sitúan en los alrededores del mar de Galilea".[3]

Jesús estableció una relación preferencial por los pobres porque era uno de ellos. Su predicación del reino se encarnaba no solo en su propia encarnación humana, sino también en su contexto cultural. "Él hablaba con acento galileo, su educación formal era limitada y su oficio era carpintero". El teólogo y misiólogo Orlando E Costas dejó un legado en su libro clásico *Christ Outside the Gate* al presentar a Jesús en su contexto socio-histórico para una reflexión sobre la misión de la iglesia. Una de las enseñanzas y proclamación de Jesús acerca del reino sería marcada con una serie de bienaventuranzas para los que vivirían bajo el reinado universal del Mesías: Mateo 5:1-12 *"Viendo la multitud, subió al monte; y sentándose, vinieron a él sus discípulos. Y abriendo su boca les enseñaba, diciendo:*

Bienaventurados los pobres en espíritu, porque de ellos es el reino de los cielos.

Bienaventurados los que lloran, porque ellos recibirán consolación.

Bienaventurados los mansos, porque ellos recibirán la tierra por heredad.

Bienaventurados los que tienen hambre y sed de justicia, porque ellos serán saciados.

Bienaventurados los misericordiosos, porque ellos alcanzarán misericordia.

Bienaventurados los de limpio corazón, porque ellos verán a Dios.

Bienaventurados los pacificadores, porque ellos serán llamados hijos de Dios.

Bienaventurados los que padecen persecución por causa de la justicia, porque de ellos es el reino de los cielos.

Bienaventurados sois cuando por mi causa os vituperen y os persigan, y digan toda clase de mal contra vosotros, mintiendo. Gozaos y alegraos, porque vuestro galardón es grande en los cielos; porque así persiguieron a los profetas que fueron antes de vosotros".

Jesús estableció los valores esenciales del reino de Dios y cómo deberían vivir los ciudadanos que voluntariamente entraran en la ciudadanía del reino. Ese reino no sería como los terrenales de los reyes y gobernantes de la tierra. Las enseñanzas de Jesús sobre el reino de Dios no solo serían acerca de los principios y valores que regirían este nuevo reino y las características de sus ciudadanos. El reino de Dios vendría también acompañado de manifestaciones concretas que traerían salud física y liberación de las opresiones demoniacas.

Mateo 15:29-31: *"Pasó Jesús de allí y vino junto al mar de Galilea; y subiendo al monte, se sentó allí. Y se le acercó mucha gente que traía consigo a cojos, ciegos, mudos, mancos, y otros muchos enfermos; y los pusieron a los pies de Jesús, y los sanó; de manera que la multitud se maravillaba, viendo a los mudos hablar, a los mancos sanados, a los cojos andar, y a los ciegos ver; y glorificaban al Dios de Israel".*

Las multitudes seguían a Jesús, pero él no solo esperaba que la gente viniera a él sino que él también iba a las ciudades y aldeas para cumplir con la misión del reino de Dios.

Buscaba las oportunidades para ir: ^{Mateo 4:23-24} *"Y recorrió Jesús toda Galilea, enseñando en las sinagogas de ellos, y predicando el evangelio del reino, y sanando toda enfermedad y toda dolencia en el pueblo. Y se difundió su fama por toda Siria; y le trajeron todos los que tenían dolencias, los afligi-*

> **Las multitudes seguían a Jesús, pero él no solo esperaba que la gente viniera a él sino que él también iba a las ciudades y aldeas para cumplir con la misión del reino de Dios.**

dos por diversas enfermedades y tormentos, los endemoniados, lunáticos y paralíticos; y los sanó".

El apóstol Pedro en el día de Pentecostés predicó acerca del Mesías, el Rey y Señor del reino universal de Dios: ^{Hechos 2:29-30} *"Varones hermanos, se os puede decir libremente del patriarca David, que murió y fue sepultado, y su sepulcro está con nosotros hasta el día de hoy. Pero siendo profeta, y sabiendo que con juramento Dios le había jurado que de su descendencia, en cuanto a la carne, levantaría al Cristo para que se sentase en su trono".*

Los apóstoles Pedro y Juan predicaban que el reinado universal del Mesías ofrecía a sus ciudadanos el perdón de pecados y la salvación eterna. También el Rey les daba autoridad y poder para sanar enfermos. Cuando Pedro y Juan subían como de costumbre al templo a la hora de la oración encontraron a un cojo de nacimiento. Ellos pusieron en práctica la autoridad del Rey para sanar al cojo: ^{Hechos 3:4-8} *"Pedro, con Juan, fijando en él los ojos, le dijo: Míranos. En-*

tonces él les estuvo atento, esperando recibir de ellos algo. Mas Pedro dijo: No tengo plata ni oro, pero lo que tengo te doy; en el nombre de Jesucristo de Nazaret, levántate y anda. Y tomándole por la mano derecha le levantó; y al momento se le afirmaron los pies y tobillos; *y* saltando, se puso *en pie y anduvo; y entró con ellos en el templo, andando, y saltando, y alabando a Dios".*

Los discípulos de Jesús llevaban las enseñanzas de las buenas nuevas del reino con autoridad y poder para sanar y liberar a los oprimidos por el diablo. Las manifestaciones del reino eran visibles a los que escuchaban y abrazaban la nueva fe en Jesucristo: Hechos 8:4-8 *"Pero los que fueron esparcidos iban por todas partes anunciando el evangelio. Entonces Felipe, descendiendo a la ciudad de Samaria, les predicaba a Cristo. Y la gente, unánime, escuchaba atentamente las cosas que decía Felipe, oyendo y viendo las señales que hacía. Porque de muchos que tenían espíritus inmundos, salían éstos dando grandes voces; y muchos paralíticos y cojos eran sanados; así que había gran gozo en aquella ciudad".*

El apóstol Pablo y Bernabé, llamados por el Espíritu Santo y enviados por la iglesia de Antioquía, emprendieron su primer viaje misionero para predicar el evangelio de Jesucristo. Cuando llegaron a la ciudad de Listra las señales de sanidad fueron manifiestas: Hechos 14:7-10 *"Y allí predicaban el evangelio. Y cierto hombre de Listra estaba sentado, imposibilitado de los pies, cojo de nacimiento, que jamás había andado. Este oyó hablar a Pablo, el cual, fijando en él sus ojos, y viendo que tenía fe para ser sanado, dijo a gran voz: Levántate derecho sobre tus pies. Y él saltó, y anduvo".*

Pablo, en su segundo viaje misionero, llegó a la ciudad de Filipos donde anunció el evangelio de Jesucristo. En esa ciudad el libro de los Hechos registra que Pablo hablaba a un grupo de mujeres en el día de reposo. A través del anuncio de Pablo se convirtió una mujer piadosa, llamada Lidia. En esa área Pablo tuvo que confrontar un caso de fuerza maligna: Hechos 20:16-18 *"Aconteció que mientras íbamos a la oración, nos salió al encuentro una muchacha que tenía espíritu de adivinación, la cual daba gran ganancia a sus amos, adivinando. Esta, siguiendo a Pablo y a nosotros, daba voces, diciendo: Estos hombres son siervos del Dios Altísimo, quienes os anuncian el camino de salvación. Y esto lo hacía por muchos días; mas desagradando a Pablo, éste se volvió y dijo al espíritu: Te mando en el nombre de Jesucristo, que salgas de ella. Y salió en aquella misma hora".*

El apóstol Pablo tenía la certeza de que la predicación del reino venía acompañada con el poder del Espíritu Santo y la autoridad de Jesucristo dada a su iglesia: Efesios 1:19-23 *"Y cuál la supereminente grandeza de su poder para con nosotros los que creemos, según la operación del poder de su fuerza, la cual operó en Cristo, resucitándole de los muertos y sentándole a su diestra en los lugares celestiales, sobre todo principado y autoridad y poder y señorío, y sobre todo nombre que se nombra, no sólo en este siglo, sino también en el venidero; y sometió todas las cosas bajo sus pies, y lo dio por cabeza sobre todas las cosas a la iglesia, la cual es su cuerpo, la plenitud de Aquel que todo lo llena en todo".*

> *Los apóstoles Pedro y Juan predicaban que el reinado universal del Mesías ofrecía a sus ciudadanos el perdón de pecados y la salvación eterna. También el Rey les daba autoridad y poder para sanar enfermos*

A través de la historia de la iglesia Dios ha llamado a hombres y a mujeres para que proclamen las buenas nuevas del reino de Dios para la salvación de las almas eternas en los méritos del sacrificio de Jesucristo. Apocalipsis 1:5: *"...el testigo fiel, el primogénito de los muertos, y el soberano de los reyes de la tierra. Al que nos amó, y nos lavó de nuestros pecados con su sangre". La historia da testimonio de como Dios ha usado a sus siervos y siervas con poder y autoridad para manifestar las obras del reino en sanidades, prodigios y la liberación de las personas oprimidas por las fuerzas de Satanás".*

"La medida espiritual de los líderes cristianos es la plenitud del Espíritu y su dación de poder. La oratoria, la efectividad de la predicación del sermón, y el léxico del que habla son buenos, pero no suficientes. El contenido, la ortodoxia y la sólida verdad bíblica son esenciales, pero no suficientes. La personalidad, la gracia al hablar y al actuar son importantes, pero no suficientes. El poder del Señor debe estar sobre ellos... El reino debe ser edificado, avanzado y manifestado a nivel de la divina dación de poder a lo humano. Debe ser Dios que obra por medio nuestro".[4]

Preguntas de Reflexión

1. ¿Cómo le ha impactado este capítulo sobre la proclamación y la actividad de Jesús en el cumplimiento de la misión?

2. ¿Cómo le han servido las enseñanzas de Jesús acerca de las bienaventuranzas del reino de Dios?

3. ¿Qué otros pasajes bíblicos usaría usted para este capítulo?

4. ¿Cómo le ha inspirado la vida de los apóstoles en la proclamación del evangelio con autoridad y poder para sanar y echar fuera demonios?

5. Conteste en una escala del 1 al 10 en la que el máximo puntaje a esta pregunta es 10: ¿Qué tanto práctica usted la oración por los enfermos y la liberación de las personas por las fuerzas demoniacas?

   2 Reyes 5:2-3: *"Y de Siria habían salido bandas armadas, y habían llevado cautiva de la tierra de Israel a una muchacha, la cual servía a la mujer de Naamán. Esta dijo a su señora: Si rogase mi señor al profeta que está en Samaria, él lo sanaría de su lepra".*

6. ¿Cómo puedo tener la convicción para orar por los enfermos y la liberación de las personas por fuerzas malignas?

   Hay poder, poder, sin igual poder,
   En Jesús quien murió;
   Hay poder, poder, sin igual poder,
   En la sangre que el vertió
   —Himnario *Gracia y Devoción* #265.

7. De ser posible dedique un tiempo a la oración y estudie los pasajes bíblicos que encontró para seguir reflexionando sobre el tema de este capítulo? ✝

Capítulo 8

La Visión

Juan 4:35-38: *"¿No decís vosotros: Aún faltan cuatro meses para que llegue la siega? He aquí os digo: Alzad vuestros ojos y mirad los campos, porque ya están blancos para la siega. Y el que siega recibe salario, y recoge fruto para vida eterna, para que el que siembra goce juntamente con el que siega. Porque en esto es verdadero el dicho: Uno es el que siembra, y otro es el que siega. Yo os he enviado a segar lo que vosotros no labrasteis; otros labraron, y vosotros habéis entrado en sus labores".*

En la narrativa del Evangelio de Juan se presenta el encuentro de Jesús con la mujer Samaritana. En el pasaje se describe cómo Jesús buscaba toda oportunidad, no sólo de predicar y ministrar a las multitudes, sino también a nivel personal. Tenía la visión de ver a las personas con los ojos del reino en el cumplimiento de la misión.

En el viaje de Jesús con sus discípulos rumbo a Jerusalén, los judíos no acostumbraban pasar por la ciudad de Sicar, en Samaria, pero Jesús tenía un plan que rompió con el esquema del mapa de la ruta de viaje tradicional.

"La narrativa entre la conversación de Jesús y la samaritana presenta ciertos elementos socio-culturales y religiosos de las relaciones entre los judíos y sus parientes samaritanos... 'Término que en el Nuevo Testamento señala a los habitantes de Samaria, raza mixta que resultó de la fusión del remanente israelita con los gentiles que los asirios llevaron a la región después de la caída de Israel' (722 a.C.)".[1]

La conversación personal entre Jesús y la samaritana es una de las narrativas más fascinantes en los evangelios, porque Jesús rompería con varios de los estereotipos y esquemas religiosos y socio-culturales entre los samaritanos y judíos para evangelizar a la mujer. La conversación entre un judío y una mujer samaritana no era aceptada por la cultura. Jesús rompería el protocolo rabino con tal de presentar las buenas nuevas del reino a aquella mujer marginada por su sociedad, por el estilo de vida de una serie de maridos en su historia.

En la conversación con la mujer samaritana Jesús hizo varias declaraciones, ofreciéndole a ella una nueva oportunidad para rehacer su estilo de vida. Jesús le ofrece a la mujer el agua de vida: Juan 4:14 *"Mas el que bebiere del agua que yo le daré, no tendrá sed jamás; sino que el agua que yo le daré será en él una fuente de agua que salte para vida eterna".*

La mujer samaritana abrazó la vida eterna del reino y de inmediato se fue a su vecindario para compartir su gozo de la nueva vida que Cristo le había dado. Al oír la novedad de la mujer los vecinos salieron pronto para ir al lugar donde estaba Jesús y averiguar y confirmar si lo que la mujer decía era verdad, de que a ella le parecía haber hablado con el Mesías. Juan 4:39-42: *"Y muchos de los samaritanos de aquella ciudad creyeron en él por la palabra de la mujer, que daba testimonio diciendo: Me dijo todo lo que he hecho. Entonces*

El dialogo entre Jesús y la samaritana es una de las narrativas más fascinantes en los evangelios, porque Jesús rompería con varios de los estereotipos y esquemas religiosos y socio-culturales entre los samaritanos y judíos para evangelizar a la mujer.

vinieron los samaritanos a él y le rogaron que se quedase con ellos; y se quedó allí dos días. Y creyeron muchos más por la palabra de él, y decían a la mujer: Ya no creemos solamente por tu dicho, porque nosotros mismos hemos oído, y sabemos que verdaderamente éste es el Salvador del mundo, el Cristo".

Jesús aceptó la invitación de quedarse más tiempo en aquella ciudad donde los judíos aun evitaban transitar, por las barreras de los prejuicios culturales y religiosos de su tiempo. El Maestro sabía que la invitación le daría la oportunidad de cumplir con la misión de predicar las buenas nuevas del reino a quienes esperaban la llegada del Cristo, aun cuando tenían diferente enseñanza en relación con el lugar correcto para adorar al Dios del pacto del Padre Abraham. *"Jesús le dijo: Mujer, créeme, que la hora viene cuando ni en este monte ni en Jerusalén adoraréis al Padre".*

Al regresar los discípulos de cumplir con lo encomendado de ir a comprar alimentos, Jesús los exhorta a ampliar su visión por las personas, ya que los campos están listos para recibir el mensaje de las buenas nuevas del reino. Les llama la atención diciéndoles que cumplir con la misión es más importante que los alimentos naturales y que se debe aprovechar cada oportunidad. La gente de aquel lugar estaba lista para recibir las enseñanzas eternas del reino más de lo que los discípulos podían imaginarse.

Jesús enseñó a sus discípulos que en la predicación del mensaje del reino no se debe excluir a nadie, ni hacer acepción de persona, raza, cultura o creencias religiosas. Jesús miraba las necesidades de la gente y su potencial, no como la cultura o la sociedad los veía. El caso del publicano Leví que llegó a ser uno de sus discípulos, fue otro ejemplo de cómo Jesús veía a las personas con los ojos del reino:

Lucas 5:27-32 *"Después de estas cosas salió, y vio a un publicano llamado Leví, sentado al banco de los tributos públicos, y le dijo: Sígueme. Y dejándolo todo, se levantó y le siguió. Y Leví le hizo gran banquete en su casa; y había mucha compañía de publicanos y de otros que estaban a la mesa con ellos. Y los escribas y los fariseos murmuraban contra los discípulos, diciendo: ¿Por qué coméis y bebéis con publicanos y pecadores? Respondiendo Jesús, les dijo: Los que están sanos no tienen necesidad de médico, sino los enfermos. No he venido a llamar a justos, sino a pecadores al arrepentimiento".*

En las narrativas de los evangelios Jesús enseña la visión de amar y buscar a las personas con los ojos del reino, que el reino de Dios es universal aunque empezaba por la casa de Israel. En varios de los relatos de los evangelios, Jesús ministra a personas de nacionalidad no judía. En cierta ocasión dos de sus discípulos introdujeron a Jesús a unos griegos:

Juan 12:20-22 *"Había ciertos griegos entre los que habían subido a adorar en la fiesta. Estos, pues, se acercaron a Felipe, que era de Betsaida de Galilea, y le rogaron, diciendo: Señor, quisiéramos ver a Jesús. Felipe fue y se lo dijo a Andrés; entonces Andrés y Felipe se lo dijeron a Jesús".*

El apóstol Pedro aun después del Pentecostés, por su fuerte y marcado trasfondo religioso judío, le llevó tiempo para reconocer y aplicar las enseñanzas del Maestro concernientes a la universalidad del evangelio. Solo a través de una experiencia sobrenatural Pedro finalmente aprendió la lección de que debía poseer la visión del Maestro en el cumplimiento de la misión. Pedro testifica de su experiencia en la casa del centurión romano Cornelio: Hechos 11:12-15 *"Y el Espíritu me dijo que fuese con ellos sin dudar. Fueron también conmigo estos seis hermanos, y entramos en casa de un varón, quien nos contó cómo había visto en su casa un ángel, que se puso en pie y le dijo: Envía hombres a Jope, y haz venir a Simón, el que tiene por sobrenombre Pedro; él te hablará palabras por las cuales serás salvo tú, y toda tu casa. Y cuando comencé a hablar, cayó el Espíritu Santo sobre ellos también, como sobre nosotros al principio".*

El apóstol Pablo había recibido del Cristo resucitado la comisión de predicar el mensaje del evangelio a todas las personas y en particular a los gentiles. Romanos 1:16: *"Porque no me avergüenzo del evangelio, porque es poder de Dios para salvación a todo aquel que cree; al judío primeramente, y también al griego".*

Pablo poseía una visión muy clara del reino, de llevar el evangelio de Jesucristo a cuantos lugares le fuera posible. Hechos 16:8-10: *"Y pasando junto a Misia, descendieron a Troas. Y se le mostró a Pablo una visión de noche: un varón macedonio estaba en pie, rogándole y diciendo: Pasa a Macedonia y ayúdanos. Cuando vio la visión, en seguida procuramos partir para Macedonia, dando por cierto que Dios nos llamaba para que les anunciásemos el evangelio".*

Los héroes de la fe que han impactado sus comunidades, países y naciones han tenido una visión clara del reino en el cumplimiento de la misión. Algunos de ellos dejaron sus países de origen para llevar la buenas nuevas de Jesucristo a otros lugares. Los motivó una visión apasionada por la salvación eterna de las personas. D.L. Moody dijo: "Cuando veo que miles de jóvenes enfilan por el camino de la muerte, siento que me caigo a los pies de Jesús en oración y lágrimas para ir y salvarlos". Juan Wesley instaba a sus pastores diciendo: "Vivamos solamente para esto: Salvar nuestras propias almas y las de quienes nos escuchan".

"En el cumplimento de la misión es necesario que los pastores y líderes poseamos una visión de la razón por la cual hemos sido llamados... cuando tenemos una visión clara de lo que Dios desea de nosotros. Las metas que nos fijamos y todo lo que hacemos debe tener el fin de lograr los mejores resultados".[2]

"Toda iglesia necesita un enfoque (una visión). No un enfoque cualquiera, sino en el reino. Un enfoque verdadero comienza con Dios y alcanza a las personas a quienes Dios ama y con quienes desea establecer una relación".[3]

Preguntas de Reflexión

1. ¿Cómo le ha impactado este capítulo sobre la visión de Jesús en el cumplimiento de la misión?

2. ¿Cómo le ha servido la enseñanza de Jesús a sus discípulos de que la cosecha está lista?

3. ¿Qué otros pasajes bíblicos usaría usted para este capítulo?

4. ¿Cómo le ha inspirado la pasión y visión de los apóstoles en el cumplimiento de la misión?

5. Conteste en una escala del 1 al 10 en la que el máximo puntaje a esta pregunta es 10: ¿Qué tanta visión tiene usted para cumplir con la misión?

   Habacuc 2:2-3: *"Y Jehová me respondió, y dijo: Escribe la visión, y declárala en tablas, para que corra el que leyere en ella. Aunque la visión tardará aún por un tiempo, mas se apresura hacia el fin, y no mentirá; aunque tardare, espéralo, porque sin duda vendrá, no tardará".*

6. ¿Cómo puedo tener una visión clara de la misión de la iglesia?

   Manda, oh Dios, tu poder, manda, oh Dios tu poder,
   Da el Espíritu Santo, poderoso Señor,
   Que hacia Cristo dirija cada vil pecador,
   Danos avivamiento.

   —Himnario *Gracia y Devoción* #330

7. De ser posible dedique un tiempo a la oración y estudie los pasajes bíblicos que encontró para seguir reflexionando sobre el tema de este capítulo. ✝

Capítulo 9

La Fe

^{Marcos 4:37-41:} *"Pero se levantó una gran tempestad de viento, y echaba las olas en la barca, de tal manera que ya se anegaba. Y él estaba en la popa, durmiendo sobre un cabezal; y le despertaron, y le dijeron: Maestro, ¿no tienes cuidado que perecemos? Y levantándose, reprendió al viento, y dijo al mar: Calla, enmudece. Y cesó el viento, y se hizo grande bonanza. Y les dijo: ¿Por qué estáis así amedrentados? ¿Cómo no tenéis fe? Entonces temieron con gran temor, y se decían el uno al otro: ¿Quién es éste, que aun el viento y el mar le obedecen?"*

La fe fue un principio esencial en el ministerio de Jesús en el cumplimiento de la misión. Su vida giraba en torno de una total dependencia de creer que todas las cosas son posibles al confiar en el Padre Todopoderoso. ^{Lucas 18:27:} *"Él les dijo: Lo que es imposible para los hombres, es posible para Dios"*. La fe de Jesús estaba basaba en la fuente del Creador del universo. El Dios que hizo los cielos y la tierra y toda la existencia le había enviado a su misión y él tenía la convicción de que el Dios Padre le respaldaba.

La naturaleza estaría sujeta a Jesús porque, como dice el autor de Hebreos: *"En estos postreros días nos ha hablado por el Hijo, a quien constituyó heredero de todo, y por quien asimismo hizo el universo"*. Jesús hacia milagros porque tenía el poder del Espíritu Santo en su vida y la certeza plena en el Padre que le había hecho heredero de toda la creación.

La vida y ministerio de Jesús se movía en el mundo sobrenatural de la fe para hacer milagros en el cumplimiento de la misión, dando vista a los ciegos, sanando a los leprosos, haciendo andar a los paralíticos, echando fuera demonios, alimentando a las multitudes, convirtiendo el agua en vino y resucitando a los muertos. Jesús realizó todos los milagros a través de la fe plena en el Padre. ^{Mateo 14:25-31:} *"Mas a la cuarta vigilia de la noche, Jesús vino a ellos andando sobre el mar. Y los discípulos, viéndole andar sobre el mar, se turbaron, diciendo: ¡Un fantasma! Y dieron voces de miedo. Pero en* seguida Jesús les habló, diciendo: ¡Tened ánimo; yo soy, no temáis! Entonces le respondió Pedro, y dijo: Señor, si eres tú, manda que yo vaya a ti sobre las aguas. Y él dijo: Ven. Y descendiendo Pedro de la barca, andaba sobre las aguas para ir a Jesús. Pero al ver el fuerte viento, tuvo miedo; y comenzando a hundirse, dio voces, diciendo: ¡Señor, sálvame! Al momento Jesús, extendiendo la mano, asió de él, y le dijo: ¡Hombre de poca fe! ¿Por qué dudaste?"

Jesús también quería que sus discípulos ejercitaran la fe y los exhortaba continuamente a la fe como fundamento esencial en el cumplimiento de la misión. El miedo de Pedro lo hizo dudar y no confiar en que el Maestro tenía el control sobre las aguas turbulentas agitadas por el viento. El Maestro le concedió la petición de caminar sobre las aguas, él cuidaría de la vida de Pedro y no iba a perecer en aquella situación.

> *La fe de Jesús no estaba condicionada solo en relación con los grandes milagros que hacía, sino también con el diario caminar de su vida, confiando en que Dios proveería para sus necesidades más básicas en el cumplimiento de la misión.*

Los apóstoles estaban aprendiendo la lección de la fe al ver que la vida del Maestro era gobernada y dirigida por la plena seguridad de la confianza en el Padre. Ellos querían tener fe como el Maestro y se la pidieron: [Lucas 17:5-6] *"Señor: Auméntanos la fe. Entonces el Señor dijo: Si tuvierais fe como un grano de mostaza, podríais decir a este sicómoro: Desarráigate, y plántate en el mar; y os obedecería"*. Jesús les dijo que debían creer en él para el fundamento de su fe: *"De cierto, de cierto os digo: El que en mí cree, las obras que yo hago, él las hará también; y aún mayores hará, porque yo voy al Padre"*.

La fe de Jesús no estaba condicionada solo en relación con los grandes milagros que hacía, sino también con el diario caminar de su vida, confiando en que Dios proveería para sus necesidades más básicas en el cumplimiento de la misión.

Jesús enseña a sus discípulos una lección básica de fe, de confiar en la provisión del Padre a través de esta ilustración: Mateo 6:25-33 *"Por tanto os digo: No os afanéis por vuestra vida, qué habéis de comer o qué habéis de beber; ni por vuestro cuerpo, qué habéis de vestir. ¿No es la vida más que el alimento, y el cuerpo más que el vestido?... Y por el vestido, ¿por qué os afanáis? Considerad los lirios del campo, cómo crecen: no trabajan ni hilan; pero os digo, que ni aun Salomón con toda su gloria se vistió así como uno de ellos. Y si la hierba del campo que hoy es, y mañana se echa en el horno, Dios la viste así, ¿no hará mucho más a vosotros, hombres de poca fe? No os afanéis, pues, diciendo: ¿Qué comeremos, o qué beberemos, o qué vestiremos? Porque los gentiles buscan todas estas cosas; pero vuestro Padre celestial sabe que tenéis necesidad de todas estas cosas. Mas buscad primeramente el reino de Dios y su justicia, y todas estas cosas os serán añadidas".*

Cuando Jesús envió a los setenta discípulos a predicar el evangelio del reino, les garantizó que tendrían lo necesario en el cumplimiento de la misión: Lucas 10:4-7 *"No llevéis bolsa, ni alforja, ni calzado; y a nadie saludéis por el camino. En cualquier casa donde entréis, primeramente decid: Paz sea a esta casa. Y posad en aquella misma casa, comiendo y bebiendo lo que os den; porque el obrero es digno de su salario".*

La iglesia fue fundamentada en la fe como base esencial para su vida y doctrina. Hechos 16:5: *"Así que las iglesias eran confirmadas en la fe, y aumentaban en número cada día".* La vida de los discípulos y de la iglesia se establecería a través de la fe en el evangelio de Jesucristo. Romanos 1:17: *"Porque en el evangelio la justicia de Dios se revela por fe y para fe, como está escrito: Mas el justo por la fe vivirá".*

El apóstol Pablo en su salutación final de su carta a los Filipenses les hace un llamado a tener fe en el Dios proveedor: Filipenses 4:19-20 *"Mi Dios, pues, suplirá todo lo que os falta conforme a sus riquezas en gloria en Cristo Jesús. Al Dios y Padre nuestro sea gloria por los siglos de los siglos. Amén".*

Pablo basó su vida en el principio de la fe y le recomienda a la iglesia en Corinto, en su segunda carta, a vivir y moverse por fe. [2 Corintios 5:6-7:] *"Así que vivimos confiados siempre, y sabiendo que entre tanto que estamos en el cuerpo, estamos ausentes del Señor (porque por fe andamos, no por vista)".*

El escritor de Hebreos introduce una definición de fe para presentar a los héroes de la fe del Antiguo Testamento, que debe servir como inspiración a los cristianos a vivir en total confianza en el autor de la fe, Jesucristo. [Hebreos 11:1-3:] *"Es, pues, la fe la certeza de lo que se espera, la convicción de lo que no se ve. Porque por ella alcanzaron buen testimonio los antiguos. Por la fe entendemos haber sido constituido el universo por la palabra de Dios, de modo que lo que se ve fue hecho de lo que no se veía".* [Hebreos 12:1-2:] *"Por tanto, nosotros también, teniendo en derredor nuestro tan grande nube de testigos, despojémonos de todo peso y del pecado que nos asedia, y corramos con paciencia la carrera que tenemos por delante, puestos los ojos en Jesús, el autor y consumador de la fe".*

A través de la historia de la iglesia, Dios ha levantado una nueva nube de héroes de la fe que han puesto toda su confianza en Jesucristo bajo el poder y la dirección del Espíritu Santo. Los testimonios de las hazañas que han realizado en nombre del Autor y Consumador de la fe, han marcado la transformación de las vidas de millares de millares de hombres y mujeres redimidos por la fe en Jesucristo. Continentes, países, ciudades, barrios y comunidades han sido transformados por la fiel obediencia de estos hombres y mujeres de fe, que le han creído a Dios en el cumplimiento de la misión.

"¿Hay acaso algo que encierre más misterio o mayor utilidad que una llave? El misterio: «¿A qué corresponde? ¿Qué es lo que puede poner en marcha? ¿Qué logrará abrir? ¿Qué nuevo descubrimiento motivará?» La utilidad: «¡Algo *ha* de abrir, sin lugar a dudas, a quien la posea! ¡Algo *descifrará*, con toda seguridad, y dará lugar a una posibilidad que de otro modo sería nula!» Las «llaves» son *conceptos*, temas bíblicos, que pueden rastrearse a lo largo de las Escrituras y que son verificables cuando se aplican con una fe bien fundamentada bajo el señorío de Jesucristo". [1]

Preguntas de Reflexión

1. ¿Cómo le ha impactado este capítulo sobre la fe de Jesús en el cumplimiento de la misión?

2. ¿Cómo le han servido las enseñanzas de Jesús a sus discípulos acerca de la fe?

3. ¿Qué otros pasajes bíblicos usaría usted para este capítulo?

4. ¿Cómo le ha inspirado la fe de los apóstoles en el cumplimiento de la misión?

5. Conteste en una escala del 1 al 10 en la que el máximo puntaje a esta pregunta es 10: ¿Qué tanta fe usted tiene en el cumplimiento de la misión?

   2 Crónicas 20:19-20: *"Y se levantaron los levitas de los hijos de Coat y de los hijos de Coré, para alabar a Jehová el Dios de Israel con fuerte y alta voz. Y cuando se levantaron por la mañana, salieron al desierto de Tecoa. Y mientras ellos salían, Josafat, estando en pie, dijo: Oídme, Judá y moradores de Jerusalén. Creed en Jehová vuestro Dios, y estaréis seguros; creed a sus profetas, y seréis prosperados".*

6. ¿Cómo puedo aumentar mi fe?

   Vivo por fe en mi Salvador,
   No temeré, es fiel mi Señor,
   En dura lid, nunca me dejará,
   Yo vivo por fe, Él me sostendrá.
   —Himnario *Gracia y Devoción* #109

7. De ser posible dedique un tiempo a la oración y estudie los pasajes bíblicos que encontró para seguir reflexionando sobre el tema de este capítulo. ✝

Capítulo 10

La Compasión

Marcos 6:34-37: *"Y salió Jesús y vio una gran multitud, y tuvo compasión de ellos, porque eran como ovejas que no tenían pastor; y comenzó a enseñarles muchas cosas. Cuando ya era muy avanzada la hora, sus discípulos se acercaron a él, diciendo: El lugar es desierto, y la hora ya muy avanzada. Despídelos para que vayan a los campos y aldeas de alrededor, y compren pan, pues no tienen qué comer. Respondiendo él, les dijo: Dadles vosotros de comer".*

Jesús tenía un corazón compasivo por la gente y daba prioridad sobre todas las cosas para atender y suplir sus necesidades. Estaba dispuesto a cambiar su agenda con tal de ministrar a las multitudes que le seguían. En el contexto de este pasaje, los discípulos habían regresado de una gira de la proclamación del reino Dios. Después de recibir el informe de los discípulos de la experiencia del viaje, Jesús les invito a descansar. Al desembarcar encontraron una multitud lista para escuchar las enseñanzas del Maestro, por lo que el tiempo de descanso tuvo que modificarse para responder a la multitud que hacia todo lo necesario para escuchar el mensaje de Jesús.

Aunque en el pasaje no se menciona, probablemente en esa ocasión Jesús sanó a los enfermos y liberó a los poseídos por espíritu inmundos, ya que era parte de la actividad de su misión. Las horas pasaron y la gente estaba cautivada por la ministración del Maestro; el día declinaba. Los discípulos tenían la responsabilidad de asistir a Jesús con algunos detalles de su ministerio, en esta ocasión, de avisar al Maestro que había llegado la hora para despedir a la multitud.

Consciente Jesús de que las personas habían viajado desde diferentes lugares y que habían pasado un largo tiempo escuchando las verdades eternas del reino, no quería despedirlos sin antes alimentarlos para que regresaran a sus lugares. Pidió a sus discípulos que alimentaran a la multitud. Los discípulos se sorprendieron de tal petición, porque humanamente era imposible suplir comida para aquella gran multitud de cinco mil hombres, sin contar mujeres y niños.

El comité de los discípulos para responder a la orden de Jesús: "Dadles vosotros de comer" encontraron cinco panes y dos peces, que llevaron al Maestro. Aquellos pocos panes y peces, obviamente, no eran suficientes para darle de comer a la multitud, pero en las manos del Maestro fue suficiente para alimentar a todos y que quedaran satisfechos. Aun después que todos comieron sobró para llenar 12 canastas.

En esa ocasión Jesús estableció la enseñanza de responsabilizar a sus discípulos de alimentar a las personas cuando vieran las necesidades y a responder con compasión. La proclamación de las buenas nuevas del reino conllevaría la compasión de alimentar al hambriento y ayudar al necesitado.

Jesús estableció la enseñanza de responsabilizar a sus discípulos de alimentar a las personas cuando vieran las necesidades y a responder con compasión.

Mateo 25:34-40 *"Entonces el Rey dirá a los de su derecha: Venid, benditos de mi Padre, heredad el reino preparado para vosotros desde la fundación del mundo. Porque tuve hambre, y me disteis de comer; tuve sed, y me disteis de beber; fui forastero, y me recogisteis; estuve desnudo, y me cubristeis; enfermo, y me visitasteis; en la cárcel, y vinisteis a mí. Entonces los justos le responderán diciendo: Señor, ¿cuándo te vimos hambriento, y te sustentamos, o sediento, y te dimos de beber? ¿Y cuándo te vimos forastero, y te recogimos, o desnudo, y te cubrimos? ¿O cuándo te vimos enfermo, o en la cárcel, y vinimos a ti? Y respondiendo el Rey, les dirá: De cierto os digo que en cuanto lo hicisteis a uno de estos mis hermanos más pequeños, a mí lo hicisteis".*

Los discípulos aprendieron el principio de la compasión en el cumplimiento de la misión y establecieron la compasión como estilo de vida para la Iglesia Primitiva. Ellos cuidarían a los más necesitados: Hechos 2:44-45 *"Todos los que habían creído es-*

taban juntos, y tenían en común todas las cosas; y vendían sus propiedades y sus bienes, y lo repartían a todos según la necesidad de cada uno".

El apóstol Pablo llama a la iglesia de Éfeso a practicar un estilo de vida nuevo en Jesucristo siendo dadivosos con los necesitados. Efesios 4:28: *"El que hurtaba, no hurte más, sino trabaje, haciendo con sus manos lo que es bueno, para que tenga qué compartir con el que padece necesidad".* El apóstol Santiago exhorta a la iglesia a hacer obras de caridad: Santiago 2:15-17: *"Y si un hermano o una hermana están desnudos, y tienen necesidad del mantenimiento de cada día, y alguno de vosotros les dice: Id en paz, calentaos y saciaos, pero no les dais las cosas que son necesarias para el cuerpo, ¿de qué aprovecha? Así también la fe, si no tiene obras, es muerta en sí misma".*

A través de la historia la iglesia de Jesucristo se ha caracterizado por el principio de la compasión de Jesús, el cual debe formar parte de su mensaje integral en el cumplimiento de la misión. Los archivos históricos registran que los cristianos han establecido hospitales, clínicas, escuelas, orfanatorios, centros de alimentación para ser fieles a la enseñanza de Jesús de *"dadles vosotros de comer".*

"Los wesleyanos somos un grupo unido, pero no una familia cerrada. Nuestra herencia es una familia unida por la fuerza del amor, pero que siempre procura alcanzar a otros con compasión y con los brazos abiertos para traer al círculo a personas nuevas, diferentes, y privadas de sus derechos".[1]

Desde sus años formativos la iglesia del Nazareno ha practicado la compasión de Jesús. En el libro *Our Watchword & Song* se declara: "El ministerio de compasión se mantiene como respuesta a las necesidades materiales del mundo. Los nazarenos mantenían varios orfanatorios, casas de maternidad, casa de rescate..."[2]

"Como pueblo consagrado a Dios, compartimos su amor por los perdidos y su compasión por los pobres y afligidos. El Gran Mandamiento (Mateo 22:36-40) y la Gran Comisión (Mateo 28:19-20) nos impulsan a enfrentarnos al mundo con evangelismo, compasión y justicia".[3]

En su declaración de misión de los ministerios de Compasión de la región USA/Canada se declara lo siguiente: "Ministerios Nazarenos de Compasión busca vivir y actuar con compasión en el mundo siguiendo el ejemplo de la propia vida y ministerio de Cristo. Buscamos ser una encarnación del mismo evangelio que Cristo vivió y predicó y ser testigos del mismo amor y la compasión que Dios tiene para nuestro mundo. En Estados Unidos y Canadá, NCM trabaja en estrecha colaboración con los Centros de Ministerio de Compasión (CMC) para traer la compasión y la salud a las comunidades que necesitan el amor y la presencia de Cristo.

"Creemos que todo seguidor de Jesús ha sido llamado a encarnar la compasión en su comunidad. Desde los primeros días de la iglesia, los cristianos han estado involucrados en el ministerio hacia los marginados de todo el mundo. La Iglesia del Nazareno en concreto ha afirmado la necesidad de la iglesia de abrazar a los que han sido ignorados por la sociedad. Este cargo no es sólo institucional; es un llamado personal en la vida de cada cristiano".[4] (Tomada de la página web de la Iglesia del Nazareno y traducción libre).

Preguntas de Reflexión

1. ¿Cómo le ha impactado este capítulo sobre la compasión de Jesús en el cumplimiento de la misión?

2. ¿Cómo le ha servido la enseñanza de Jesús a sus discípulos acerca de la compasión?

3. ¿Qué otros pasajes bíblicos usaría usted para este capítulo?

4. ¿Cómo le ha inspirado la vida compasiva de la iglesia en el cumplimiento de la misión?

5. Conteste en una escala del 1 al 10 en la que el máximo puntaje a esta pregunta es 10: ¿Cómo aplica la compasión de Jesús en el cumplimiento de la misión?

Miqueas 6:8 *"Oh hombre, él te ha declarado lo que es bueno, y qué pide Jehová de ti: solamente hacer justicia, y amar misericordia, y humillarte ante tu Dios".*

6. ¿Cómo puedo mantener un corazón compasivo?

Rodearemos a todo el mundo,
Con santidad a nuestro Dios,
Con luz refulgente y hermosa
La luz verdadera de Dios.
De las ovejas sin pastor,
Perdidas van en aflicción,
Sin esperanza o salvación.

—Himnario *Gracia y Devoción* #166.

7. De ser posible dedique un tiempo a la oración y estudie los pasajes bíblicos que encontró para seguir reflexionando sobre el tema de este capítulo. ✞

Capítulo 11

La Organización

Lucas 9:14-17: *"Y eran como cinco mil hombres. Entonces dijo a sus discípulos: Hacedlos sentar en grupos, de cincuenta en cincuenta. Así lo hicieron, haciéndolos sentar a todos. Y tomando los cinco panes y los dos pescados, levantando los ojos al cielo, los bendijo, y los partió, y dio a sus discípulos para que los pusiesen delante de la gente. Y comieron todos, y se saciaron; y recogieron lo que les sobró, doce cestas de pedazos".*

En el evento del milagro de multiplicar los panes y los peces para alimentar a la multitud de sus oyentes, Jesús usó el principio de la organización. Fue un excelente administrador de los recursos a su disposición. Organizó a sus discípulos de dos en dos cuando los envió a predicar las nuevas del reino; aplicó el consejo del escritor del libro de Eclesiastés: Eclesiastés 4:9-10 *"Mejores son dos que uno; porque tienen mejor paga de su trabajo. Porque si cayeren, el uno levantará a su compañero; pero ¡ay del solo! que cuando cayere, no habrá segundo que lo levante".*

No solo los organizó de dos en dos, sino que también consideró la personalidad de cada uno para formarlos como equipo. Esa relación de equipo de dos se muestra aun después de su ascensión: Hechos 3:1 *"Pedro y Juan subían juntos al templo a la hora novena, la de la oración".*

Al ir los discípulos enviados por Jesús de dos en dos les ayudaría en la larga jornada del viaje y les daría mejor protección contra los riegos y peligros del camino. También podrían sentir el apoyo mutuo del compañerismo en el viaje para llegar a las ciudades de destino. Se requeriría de un sistema organizativo para asignar y distribuir las rutas de las ciudades a las cuales Jesús les estaba enviando. Eso no podía hacerse al azar o improvisar y dejarlo a la casualidad del momento. Jesús trazaría un plan de evangelización para optimizar el recurso de su equipo y alcanzar un mayor número de ciudades y, por ende, a un mayor número de personas.

Jesús muestra su capacidad organizativa no sólo al enviar a sus discípulos de dos en dos, sino también en capacitarlos y darles las instrucciones específicas en cuanto a cómo debían introducirse en las casas, cómo se debían comportar en respuesta a la reacción de la gente, cómo debían responder a la generosidad y hospitalidad de las personas. Sin duda alguna, Jesús dedicó un tiempo de capacitación y organización estratégica al enviar a sus discípulos para que lograran la mayor efectividad en el cumplimiento de la misión.

"Muchos han hablado y escrito de Jesús como predicador, taumaturgo, maestro, y otras importantes facetas de su grandiosa personalidad. Pocos lo han descubierto como el jefe ejecutivo, el líder administrativo que supo reclutar, entrenar,

> *Jesús muestra su capacidad organizativa no sólo al enviar a sus discípulos de dos en dos, sino también en capacitarlos y darles las instrucciones específicas en cuanto a cómo debían introducirse en las casas, cómo se debían comportar en respuesta a la reacción de la gente, cómo debían responder a la generosidad y hospitalidad de las personas.*

inspirar, motivar y dirigir a un equipo de doce hombres que, bajo su influencia y dirección y de acuerdo con sus planes y objetivos, conquistaron al mundo para su causa".[1]

Jesús dio instrucciones específicas a sus discípulos para la celebración de las festividades que afirmaban el cumplimiento de su misión mesiánica, como en el caso de la entrada triunfal en Jerusalén. Jesús trazó un plan organizativo para la realización de ese evento: Marcos 11:1-2 *"Cuando se acercaban a Jerusalén, junto a Betfagé y a Betania, frente al monte de los Olivos, Jesús envió dos de sus discípulos, y les dijo: Id a la aldea que está enfrente de vosotros, y luego que entréis en ella, hallaréis un pollino atado, en el cual ningún hombre ha montado; desatadlo y traedlo"*.

Otro evento trascendental en la vida y ministerio de Jesús fue la celebración de la última Pascua con sus discípulos. Esa festividad requeriría de una planificación detallada de acuerdo con la tradición histórica de la celebración. Jesús instruyó a sus discípulos para que no quedara fuera ningún elemento de la cena pascual y donde él afirmaría el plan de Dios para el Nuevo Pacto salvífico de la raza humana.

Mateo 26:17-19: *"El primer día de la fiesta de los panes sin levadura, vinieron los discípulos a Jesús, diciéndole: ¿Dónde quieres que preparemos para que comas la pascua? Y él dijo: Id a la ciudad a cierto hombre, y decidle: El Maestro dice: Mi tiempo está cerca; en tu casa celebraré la pascua con mis discípulos. Y los discípulos hicieron como Jesús les mandó, y prepararon la pascua".*

Los apóstoles aprendieron del Maestro el principio de la organización y lo implementaron en el cumplimiento de la misión. El libro de los Hechos registra los aspectos de estructura organizacional en los primeros años de la Iglesia Primitiva. Los pescadores de Galilea ahora son los líderes ejecutivos de la iglesia de Jesucristo y tienen que proveer dirección administrativa y organizacional para la distribución de los bienes en común de la nueva comunidad de fe. La elección de los primeros diáconos para servir las mesas de las viudas muestra la capacidad de los discípulos para establecer una nueva estructura de un comité que resolvería la tensión que estaba surgiendo entre la comunidad de los primeros creyentes: Hechos 6:2-3 *"Entonces los doce convocaron a la multitud de los discípulos, y dijeron: No es justo que nosotros dejemos la palabra de Dios, para servir a las mesas. Buscad, pues, hermanos, de entre vosotros a siete varones de buen testimonio, llenos del Espíritu Santo y de sabiduría, a quienes encarguemos de este trabajo".*

Los apóstoles habían aprendido al ver cómo Jesús formaba y delegaba en sus discípulos tareas específicas en el cumplimiento de la misión del reino. El crecimiento explosivo de la iglesia naciente requeriría de la delegación a nuevos líderes para sostener el crecimiento exponencial de aquellos días: Hechos 6:7 *"Y crecía la palabra del Señor, y el número de los discípulos se multiplicaba grandemente en Jerusalén; también muchos de los sacerdotes obedecían a la fe".*

Dirigida por el Espíritu Santo, la iglesia de Antioquía organizaría el primer grupo de misioneros en el cumplimiento de la misión. Enviaría a Bernabé y a Pablo para expandir las fronteras del reino de Dios más allá de su ciudad. Aunque aquel fue un acto guiado por el Espíritu Santo, se necesitaba de una estructura organizacional para el envío de aquellos primeros misioneros. Pablo usaría el principio de la organización estratégica para establecer y avanzar la misión de la iglesia a través de un plan estratégico de ir a las ciudades: Hechos 18:22-23 *"Habiendo arribado a Cesarea, subió para saludar a la iglesia, y luego descendió a Antioquía. Y después de estar allí algún tiempo, salió, recorriendo por orden la región de Galacia y de Frigia, confirmando a todos los discípulos".*

En su primera gira misionera Pablo y Bernabé organizaban a los nuevos creyentes: *"Y constituyeron ancianos en cada iglesia..."*. La organización y la estructura fueron fundamentales para sostener el establecimiento de las nuevas iglesias en el establecimiento del reino de Dios.

Juan Wesley, hombre ungido por el Espíritu Santo con una pasión de un apóstol por las almas, tenía la virtud de usar el principio de la organización. Organizó a los líderes y miembros de su movimiento en grupos de bandas, clases y sociedades que harían efectivo el establecimiento y desarrollo del llamado grupo "metodista". El genio organizacional estratégico de Wesley fue la formación de esos pequeños grupos para el evangelismo y el discipulado. Les decía a sus líderes: "Prediquen en tantos lugares como sea posible. Organicen tantas clases como puedan, pero no prediquen sin organizar clases nuevas".

George Whitefield dijo: "Mi hermano, Wesley, fue más sabio que yo. Organizó en clases a las almas que se convirtieron bajo su ministerio. Yo lo descuidé y mi pueblo ha venido a ser como arena que se lleva el viento". Sin duda alguna, la capacidad administrativa organizacional de Wesley le ayudó a sostener el movimiento que Dios puso en sus manos para la evangelización de Inglaterra y el mundo.

"El buen ejecutivo delega, refiere, se acompaña del mejor equipo posible que le permita cubrir sus obligaciones y realizar todo el trabajo de la empresa de la mejor manera". [2]

Preguntas de Reflexión

1. ¿Cómo le ha impactado este capítulo sobre el uso de la organización por Jesús en el cumplimiento de la misión?

2. ¿Cómo le ha servido la enseñanza de Jesús acerca de la organización?

3. ¿Qué otros pasajes bíblicos usaría usted para este capítulo?

4. ¿Cómo le ha inspirado el uso de la organización por los apóstoles en el cumplimiento de la misión?

5. Conteste en una escala del 1 al 10 en la que el máximo puntaje a esta pregunta es 10: ¿Qué tanto usa usted la organización en el cumplimiento de la misión?

   Éxodo 18:17-21: *"Entonces el suegro de Moisés le dijo: No está bien lo que haces. Desfallecerás del todo, tú, y también este pueblo que está contigo; porque el trabajo es demasiado pesado para ti; no podrás hacerlo tú solo. Oye ahora mi voz; yo te aconsejaré, y Dios estará contigo. Está tú por el pueblo delante de Dios, y somete tú los asuntos a Dios. Y enseña a ellos las ordenanzas y las leyes, y muéstrales el camino por donde deben andar, y lo que han de hacer. Además escoge tú de entre todo el pueblo varones de virtud, temerosos de Dios, varones de verdad, que aborrezcan la avaricia; y ponlos sobre el pueblo por jefes de millares, de centenas, de cincuenta y de diez".*

6. ¿Cómo puedo usar la organización?

   Nuestro campo es la América hispana (latina),
   Raza joven, dilecta y tenaz.
   Todos hoy trabajad...
   —Himnario *Gracia y Devoción* #344

7. De ser posible dedique un tiempo a la oración y estudie los pasajes bíblicos que encontró para seguir reflexionando sobre el tema de este capítulo. ✞

Capítulo 12

El Descanso y el
Retiro Espiritual

Marcos 6:30-32: *"Entonces los apóstoles se juntaron con Jesús, y le contaron todo lo que habían hecho, y lo que habían enseñado. Él les dijo: Venid vosotros aparte a un lugar desierto, y descansad un poco. Porque eran muchos los que iban y venían, de manera que ni aun tenían tiempo para comer. Y se fueron solos en una barca a un lugar desierto".*

Al regresar los discípulos le dieron cuenta al Maestro de su labor en su jornada de la proclamación de las buenas nuevas del reino. Jesús estaba consciente de la gran cantidad de energía física y emocional que se invierte en el cumplimiento de la misión. Jesús cuidaba de sus discípulos y planeó un tiempo de retiro para que descansaran y recuperaran las fuerzas que habían gastado en la gira misional. La invitación de Jesús a sus discípulos de ir y descansar un poco es un reconocimiento y una aplicación de lo vital del descanso para el ser humano.

El Dios de la creación descansó después de toda su labor de haber creado los cielos y la tierra. No es que Dios necesitaba reposar, sino que estaba estableciendo el principio de apartar tiempo para descansar y así enseñar a la raza humana lo esencial del descanso para el ritmo de la vida cotidiana: Génesis 2:1-3 *"Fueron, pues, acabados los cielos y la tierra, y todo el ejército de ellos. Y acabó Dios en el día séptimo la obra que hizo; y reposó el día séptimo de toda la obra que hizo. Y bendijo Dios al día séptimo, y lo santificó, porque en él reposó de toda la obra que había hecho en la creación".*

Siglos más tarde después de la creación, los hebreos fueron sometidos y obligados a producir constantemente para las demandas del imperio de Egipto. Más trabajo, más trabajo, más horas, los supervisores eran más exigentes, más producción... empujar, empujar, empujar; resultados, resultados, resultados. No había descanso en la vida de los esclavos, su fin era la producción para sus amos. En el camino a la Tierra

Prometida, Dios daría el mandato del día de reposo o *shabbath* para que fuera parte integral del ritmo de vida del pueblo de Israel. En el yugo de injusticia de la esclavitud, no hay descanso del trabajo, pero en la libertad de la Tierra Prometida tenía que ser diferente. Dios diseñó el descanso justo y necesario para el cuerpo humano. El día de reposo sería del descanso de las labores cotidianas de trabajo.

Éxodo 20:8-11: *"Acuérdate del día de reposo para santificarlo. Seis días trabajarás, y harás toda tu obra; mas el séptimo día es reposo para Jehová tu Dios; no hagas en él obra alguna, tú, ni tu hijo, ni tu hija, ni tu siervo, ni tu criada, ni tu bestia, ni tu extranjero que está dentro de tus puertas. Porque en seis días hizo Jehová los cielos y la tierra, el mar, y todas las cosas que en ellos hay, y reposó en el séptimo día; por tanto, Jehová bendijo el día de reposo y lo santificó".*

Jesús cuidaba de sus discípulos y planeó un tiempo de retiro para que descansaran y recuperaran las fuerzas que habían gastado en la gira missional.

Horacio Cowan da la etimología del *shabbath* en su libro: *El sábado en la escritura e historia.* Dice: "El *Sábado* no guarda relación con el número o la duración de cualquier período de tiempo; esto significa simplemente descansar o cesar. Mientras que sábado se asocia generalmente con el séptimo día, sin embargo, no significa siete ni se limita a un día".[1]

Al ministrar Jesús a las multitudes y a las personas que iban a él, en las jornadas de viaje a las ciudades y pueblos vecinos, estableció tiempo para descansar. El descanso vino a formar parte esencial de la vida de Jesús con sus discípulos. Los evangelios relatan que Jesús se apartaba a lugares desiertos para dedicar tiempo con el Padre. El tiempo de apartarse le servía a Jesús como descanso de sus quehaceres ministeriales y para recuperar sus fuerzas físicas. "La motivación de

Jesús en todo lo que hacía era salvar al mundo. Sabía que debía ir a su Padre frecuentemente para descansar y restaurar su corazón, mente y cuerpo fatigado".[2]

La práctica de Jesús de apartarse a lugares desiertos fue consistente y lo usó para formar a sus discípulos. Mateo 17:1-2: *"Seis días después, Jesús tomó a Pedro, a Jacobo y a Juan su hermano, y los llevó aparte a un monte alto; y se transfiguró delante de ellos, y resplandeció su rostro como el sol, y sus vestidos se hicieron blancos como la luz".*

Aquel retiro con los tres discípulos de su círculo íntimo fue una experiencia fresca y gloriosa en la vida de Jesús, donde recibió afirmación de la satisfacción del Padre con el Hijo. Ese retiro sería inolvidable para el apóstol Pedro, quien años después en su carta universal a la iglesia hace referencia.

2 Pedro 1:16-18 *"Porque no os hemos dado a conocer el poder y la venida de nuestro Señor Jesucristo siguiendo fábulas artificiosas, sino como habiendo visto con nuestros propios ojos su majestad. Pues cuando él recibió de Dios Padre honra y gloria, le fue enviada desde la magnífica gloria una voz que decía: Este es mi Hijo amado, en el cual tengo complacencia. Y nosotros oímos esta voz enviada del cielo, cuando estábamos con él en el monte santo".*

Los apóstoles y los discípulos seguirían el ejemplo de las enseñanzas del Maestro de dedicar tiempo para retirarse y buscar la presencia del Cristo glorioso y para descansar del ritmo del quehacer del ministerio. El principio del descanso y del retiro espiritual, de apartarse para buscar la presencia de Dios, debe formar parte importante de la vida de los hombres y mujeres que Dios llama al ministerio. "Ve al desierto. ¡Ve frecuentemente!"

El ministerio que usted realiza es importante, su visión para la obra de Dios es significativa, el llamamiento que arde en usted es urgente; pero igualmente importante, significativo y urgente es el llamado que le hace Dios: Ve al desierto. ¡Ve frecuentemente!"[3]

Preguntas de Reflexión

1. ¿Cómo le ha impactado este capítulo sobre el descanso y el retiro espiritual en la vida de Jesús en el cumplimiento de la misión?

2. ¿Cómo le ha servido la enseñanza de Jesús acerca del descanso y el retiro?

3. ¿Qué otros pasajes bíblicos usaría usted para este capítulo?

4. ¿Cómo le ha inspirado la experiencia del descanso y el retiro espiritual de los apóstoles en el cumplimiento de la misión?

5. Conteste en una escala del 1 al 10 en la que el máximo puntaje a esta pregunta es 10: ¿Qué tanto separa y observa usted su día de descanso? ¿Qué tanto separa tiempo para retiro espiritual en el cumplimiento de la misión?

Números 10:33: *"Así partieron del monte de Jehová camino de tres días; y el arca del pacto de Jehová fue delante de ellos camino de tres días, buscándoles lugar de descanso".*

6. ¿Cómo puedo mantener la disciplina de buscar tiempo para descansar y un retiro espiritual?
   A dulces remansos de dicha sin par
   Jesús a los suyos guiará;
   Los hace felices allí reposar,
   Jesús a los suyos guiará.
   —Himnario *Gracia y Devoción* #90

7. De ser posible dedique un tiempo a la oración y estudie los pasajes bíblicos que encontró para seguir reflexionando sobre el tema de este capítulo. ✝

Capítulo 13

El Siervo y la Humildad

Lucas 22:24-27: *"Hubo también entre ellos una disputa sobre quién de ellos sería el mayor. Pero él les dijo: Los reyes de las naciones se enseñorean de ellas, y los que sobre ellas tienen autoridad son llamados bienhechores; mas no así vosotros, sino sea el mayor entre vosotros como el más joven, y el que dirige, como el que sirve. Porque, ¿cuál es mayor, el que se sienta a la mesa, o el que sirve? ¿No es el que se sienta a la mesa? Mas yo estoy entre vosotros como el que sirve".*

Jesús modeló el principio de siervo y de humildad en el cumplimiento de la misión, siempre enseñaba con su ejemplo. El liderazgo de Jesús se caracterizó por un corazón de siervo para servir a las personas que ministraba. Demostró que hay marcada diferencia entre ser líder del reino y los líderes terrenales.

Los principios de "autoridad" del reino son diferentes de los que rigen a las autoridades terrenales. Jesús quería asegurarse de que sus discípulos tuvieran un concepto claro sobre cómo tenían que liderar, de que una posición de autoridad es únicamente en relación con su servicio en la misión. La actitud del siervo en el reino debe estar siempre al servicio de la causa de la misión y no a lo de sus intereses personales, como lo hacen los lideres terrenales. Mateo 20:26-27: *"Mas entre vosotros no será así, sino que el que quiera hacerse grande entre vosotros será vuestro servidor, y el que quiera ser el primero entre vosotros será vuestro siervo..."*

Jesús aprovechaba cada oportunidad para enseñar a sus discípulos los principios y valores del reino. La vida de siervo de Jesús fue consistente y, en la última cena pascual antes de darse como el siervo sufriente por la redención de la raza humana, les dio una lección práctica sobre la actitud del siervo. Juan 13:4-5: *"Jesús se levantó de la cena, y se quitó su manto, y tomando una toalla, se la ciñó. Luego puso agua en un lebrillo, y comenzó a lavar los pies de los dis-*

cípulos, y a enjugarlos con la toalla con que estaba ceñido".

La tradición del lavado de pies era una costumbre común en el tiempo de Jesús que se le asignaba a los sirvientes o esclavos de la casa. No solo era el trabajo del sirviente, sino que se le asignaba al de menos rango en la casa. Al usar Jesús la toalla para lavar los pies de sus discípulos mostró con su ejemplo cómo deben comportarse los líderes del reino para servir a los que están bajo su autoridad.

La actitud ejemplar de Jesús sería un llamado a sus discípulos para una vida de servicio en el cumplimiento de la misión. Juan 13:15-16: *"Porque ejemplo os he dado, para que como yo os he hecho, vosotros también hagáis. De cierto, de cierto os digo: El siervo no es mayor que su señor, ni el enviado es mayor que el que le envió".* Cada vez que los discípulos anhelaban y de-

> **Jesús modeló el principio de siervo y de humildad en el cumplimiento de la misión, él siempre enseñaba con su ejemplo.**

mostraban ambiciones de poder y autoridad, Jesús les daba una enseñanza sobre cómo se debía manejar el poder y la autoridad en el servicio del reino.

Mateo 18:1-5: *"En aquel tiempo los discípulos vinieron a Jesús, diciendo: ¿Quién es el mayor en el reino de los cielos? Y llamando Jesús a un niño, lo puso en medio de ellos, y dijo: De cierto os digo, que si no os volvéis y os hacéis como niños, no entraréis en el reino de los cielos. Así que, cualquiera que se humille como este niño, ése es el mayor en el reino de los cielos. Y cualquiera que reciba en mi nombre a un niño como este, a mí me recibe".*

Jesús no sólo demostró con su ejemplo el corazón y la actitud de siervo sino que también vivió el principio de la humildad. Aun cuando tenía todo el derecho como Señor del universo de ser servido con todos los privilegios de los reyes de la tierra, nunca reclamó usarlos. Su nacimiento en un pesebre no puede ilustrar mejor la humildad del soberano Rey para contrastar su vida con los reyes de este mundo. Su entrada triunfal mesiánica en Jerusalén montado en un pollino fue una expresión de su humildad.

Mateo 21:1-5: *"Cuando se acercaron a Jerusalén, y vinieron a Betfagé, al monte de los Olivos, Jesús envió dos discípulos, diciéndoles: Id a la aldea que está enfrente de vosotros, y luego hallaréis una asna atada, y un pollino con ella; desatadla, y traédmelos. Y si alguien os dijere algo, decid: El Señor los necesita; y luego los enviará. Todo esto aconteció para que se cumpliese lo dicho por el profeta, cuando dijo: Decid a la hija de Sion: He aquí, tu Rey viene a ti, Manso, y sentado sobre una asna".*

Las multitudes y las personas buscaban y seguían a Jesús porque les daba la confianza de acercarse a él, miraban la transparencia de su amor, la humildad de su corazón de siervo. "La gente podía sentir que a Jesús le encantaba estar con ellos. Incluso los niños pequeños querían estar cerca de él, lo cual dice muchísimo de qué clase de persona era".[1]

El apóstol Pablo fue un hombre con muchas virtudes: talentos lingüísticos, intelectuales, religiosos y con "éxito" en el avance y establecimiento de la iglesia en el mundo gentil. Esos logros podrían haber causado en él una actitud orgullosa, pero sabía que la humildad debe ser una característica de las personas del reino, que Cristo había enseñado con su ejemplo ese principio. 2 Corintios 10:1: *"Yo Pablo os ruego por la mansedumbre y ternura de Cristo, yo que estando presente ciertamente soy humilde entre vosotros..."*

Pablo llama a la iglesia de Filipo a seguir el ejemplo de Jesucristo, de vivir con un corazón de siervo y de humildad que debería caracterizarlos con su comportamiento y actitudes como seguidores de Cristo: Filipenses 2:5-8: *"Haya, pues, en vosotros este sentir que hubo también en Cristo Jesús, el cual, siendo en forma de Dios, no estimó el ser igual a Dios como cosa a que aferrarse, sino que se despojó a sí mismo, tomando forma de siervo, hecho semejante a los hombres; y estando en la condición de hombre, se humilló a sí mismo, haciéndose obediente hasta la muerte, y muerte de cruz".*

En su carta universal el apóstol Santiago aconseja a la iglesia a adoptar una actitud de humildad citando al salmista: Santiago 4:6 *"Por esto dice: Dios resiste a los soberbios, y da gracia a los humildes"*. La humildad debe ser una característica distintiva de los líderes de la iglesia de Jesucristo para contrastar con las actitudes de los líderes arrogantes del mundo.

"El orgullo nos hace egocéntricos y nos lleva a pensar que tenemos derecho a todo lo que podemos ver, tocar o imaginar. Crea apetitos codiciosos de obtener más de lo que necesitamos. Podemos ser librados de nuestros deseos egocéntricos al humillarnos delante de Dios, tomando conciencia de que lo único que necesitamos es su aprobación".[2]

Los siervos y siervas de Dios que viven con los valores del reino, con un corazón de servicio y de humildad, atraen a las personas en el cumplimiento de la misión. Esos líderes inspiran con su ejemplo de servicio y humildad en contraste con los líderes que asumen una actitud orgullosa contraria a las características de la vida ejemplar del Maestro a sus discípulos.

"El liderazgo cristiano es fundamentalmente diferente de todos los otros liderazgos. Aun cuando la organización tenga parecido a una organización secular, se mantendrá diferente —por medio del Espíritu de Dios que trabaja en el corazón, vida y liderazgo de la persona llena de gracia. A través de la gracia de Dios, los líderes son trasformados desde adentro hacia afuera. Ese cambio de corazón resulta en la manifestación de ciertas cualidades de la semejanza de Cristo..."[3]

Preguntas de Reflexión

1. ¿Cómo le ha impactado este capítulo sobre el corazón de siervo y la humildad de Jesús en el cumplimiento de la misión?

2. ¿Cómo le han servido las enseñanzas de Jesús acerca de la actitud de siervo y humildad?

3. ¿Qué otros pasajes bíblicos usaría usted para este capítulo?

4. ¿Cómo le ha inspirado la actitud de siervo y de humildad de los apóstoles en el cumplimiento de la misión?

5. Conteste en una escala del 1 al 10 en la que el máximo puntaje a esta pregunta es 10: ¿Cómo es su vida de siervo y de humildad en el cumplimiento de la misión?

Isaías 66:2: *"Mi mano hizo todas estas cosas, y así todas estas cosas fueron, dice Jehová; pero miraré a aquel que es pobre y humilde de espíritu, y que tiembla a mi palabra".*

6. ¿Cómo puedo mantener una vida de siervo y de humildad?

> *Quien sufrió tristezas y decepciones mil,*
> *El que humilde en la cruz murió,*
> *Rey santo es para mí, ¡Aleluya!*
>
> —Himnario *Gracia y Devoción* #254

7. De ser posible dedique un tiempo a la oración y estudie los pasajes bíblicos que encontró para seguir reflexionando sobre el tema de este capítulo. ✟

Capítulo 14

El Costo del Servicio

Lucas 9:57-62: *"Yendo ellos, uno le dijo en el camino: Señor, te seguiré adondequiera que vayas. Y le dijo Jesús: Las zorras tienen guaridas, y las aves de los cielos nidos; mas el Hijo del Hombre no tiene dónde recostar la cabeza. Y dijo a otro: Sígueme. Él le dijo: Señor, déjame que primero vaya y entierre a mi padre. Jesús le dijo: Deja que los muertos entierren a sus muertos; y tú ve, y anuncia el reino de Dios. Entonces también dijo otro: Te seguiré, Señor; pero déjame que me despida primero de los que están en mi casa. Y Jesús le dijo: Ninguno que poniendo su mano en el arado mira hacia atrás, es apto para el reino de Dios".*

Jesús pagó el precio al dar su vida por la redención de la raza humana. Su vida y sufrimiento fueron anticipados por los profetas de Dios, hombres que pusieron sus vidas en fiel obediencia para cumplir con la misión de Dios. El profeta Isaías anunció el precio que pagaría el Mesías:

Isaías 53:5-6: *"Mas él herido fue por nuestras rebeliones, molido por nuestros pecados; el castigo de nuestra paz fue sobre él, y por su llaga fuimos nosotros curados. Todos nosotros nos descarriamos como ovejas, cada cual se apartó por su camino; mas Jehová cargó en él el pecado de todos nosotros".*

Con toda claridad Jesús les anticipaba a sus discípulos el alto costo de seguirle, quienes debían medir y estar conscientes del precio del llamado. Les advirtió que el llamado a ser su discípulo no era un camino fácil y que incluso correrían el peligro de pagar el precio de la muerte:

Lucas 9:23-24: *"Y decía a todos: Si alguno quiere venir en pos de mí, niéguese a sí mismo, tome su cruz cada día, y sígame. Porque todo el que quiera salvar su vida, la perderá; y todo el que pierda su vida por causa de mí, éste la salvará".*

El estilo de vida de Jesús fue sencillo y limitado a las comodidades básicas de la vida cotidiana. Preparaba a sus discípulos con su ejemplo y enseñaba lo que vivía. Se incomodaba con la inconsistencia de los líderes religiosos y constantemente los confrontaba, porque enseñaban y exigían a las personas lo que ellos no estaban dispuestos a hacer. Jesús quería asegurarse de que sus discípulos vivieran de acuerdo con los principios de sus enseñanzas y no como los líderes religiosos.

Mateo 23:2-4: *"En la cátedra de Moisés se sientan los escribas y los fariseos. Así que, todo lo que os digan que guardéis, guardadlo y hacedlo; mas no hagáis conforme a sus obras, porque dicen, y no hacen. Porque atan cargas pesadas y difíciles de llevar, y las ponen sobre los hombros de los hombres; pero ellos ni con un dedo quieren moverlas".*

El Rey de reyes no tenía ni siquiera una casa donde residir,

> **Con toda claridad Jesús les anticipaba a sus discípulos el alto costo de seguirle, quienes debían medir y estar conscientes del precio del llamado.**

menos un palacio con todas las comodidades y placeres para entretener a sus discípulos y seguidores. Escogió la vida de itinerante y se quedaba en los lugares donde encontraba la hospitalidad y la generosidad de las personas que le invitaban para escucharle.

Jesús no acumuló riquezas ni le dio prioridad a las cosas materiales de este mundo, para mantener un enfoque en el cumplimiento de la misión del reino y dependencia total de la provisión del Padre. Jesús estaba formando a sus discípulos para que ellos también vivieran con las prioridades y valores del reino y no poner su interés en los valores terrenales Mateo 6:33: *"Mas buscad primeramente el reino de Dios y su justicia, y todas estas cosas os serán añadidas".*

Jesús impartió una serie de enseñanzas en cuanto al peligro de las riquezas de este mundo, que pueden atrapar y corromper los corazones de las personas, aun de los que son llamados al servicio de Dios: Mateo 6:24 *"Ninguno puede servir a dos señores; porque o aborrecerá al uno y amará al otro, o estimará al uno y menospreciará al otro. No podéis servir a Dios y a las riquezas"*. El Maestro ejemplar estaba formando a sus discípulos en anticipación a la vida que les esperaba de entrega total a su llamado. Continuamente les hablaba acerca del alto costo de ser sus discípulos. No quería que sus discípulos fueran sorprendidos cuando las dificultades, persecuciones y las pruebas llegaran a ellos en el cumplimiento de la misión: Mateo 10:16-19 *"He aquí, yo os envío como a ovejas en medio de lobos; sed, pues, prudentes como serpientes, y sencillos como palomas. Y guardaos de los hombres, porque os entregarán a los concilios, y en sus sinagogas os azotarán; y aun ante gobernadores y reyes seréis llevados por causa de mí, para testimonio a ellos y a los gentiles. Mas cuando os entreguen, no os preocupéis por cómo o qué hablaréis; porque en aquella hora os será dado lo que habéis de hablar"*.

Los apóstoles y los primeros discípulos de Jesús vivieron bajo persecuciones, cárceles y aun la muerte. Fue el alto precio que la iglesia naciente pagó por ser fieles al llamado del Maestro. La muerte de los mártires de la iglesia, el encarcelamiento, la persecución y otros sufrimientos fueron advertencias que el Maestro les dijo a sus discípulos. Pero también les prometió el Espíritu Santo, quien estaría con ellos para fortalecerlos y ayudarles en el cumplimiento de la misión de dar testimonio del Cristo glorioso y victorioso. El libro de los Hechos y los escritos del Nuevo Testamento dan testimonio del alto costo que pagaron los discípulos de Jesucristo.

Hechos 8:1-3: *"Y Saulo consentía en su muerte. En aquel día hubo una gran persecución contra la iglesia que estaba en Jerusalén; y todos fueron esparcidos por las tierras de Judea y de Samaria, salvo los apóstoles. Y hombres piadosos llevaron a enterrar a Esteban, e hicieron gran llanto sobre él. Y Saulo asolaba la iglesia, y entrando casa por casa, arrastraba a hombres y a mujeres, y los entregaba en la cárcel"*.

El apóstol Pedro experimentó las diversas pruebas que el Maestro les había anticipado a todos sus discípulos. Pedro anima a la iglesia de Jesucristo a perseverar y mantenerse fieles como discípulos de Jesucristo, les recuerda que el Espíritu Santo está para acompañarlos y consolarlos en los tiempos difíciles:

1 Pedro 4:12-14 *"Amados, no os sorprendáis del fuego de prueba que os ha sobrevenido, como si alguna cosa extraña os aconteciese, sino gozaos por cuanto sois participantes de los padecimientos de Cristo, para que también en la revelación de su gloria os gocéis con gran alegría. Si sois vituperados por el nombre de Cristo, sois bienaventurados, porque el glorioso Espíritu de Dios reposa sobre vosotros".*

Después de su conversión al apóstol Pablo se le advirtió por medio de Ananías acerca del costo que pagaría por ser discípulo de Jesucristo: Hechos 9:15-16 *"El Señor le dijo: Ve, porque instrumento escogido me es éste, para llevar mi nombre en presencia de los gentiles, y de reyes, y de los hijos de Israel; porque yo le mostraré cuánto le es necesario padecer por mi nombre".*

A través de la historia de la iglesia se ha formado una innumerable nube de discípulos de Jesucristo, testigos fieles que han dado sus vidas para dar testimonio. Esa nube de héroes de la fe han vivido y viven de acuerdo con las enseñanzas de la vida ejemplar del Maestro. Las biografías de esos fieles discípulos dan testimonio de que han vivido a la semejanza de Cristo, de que algunos de ellos han pagado el alto costo de ser mártires por la fe en Jesucristo. Otros han optado por el costo de abnegarse a vivir sin las comodidades, poderes y placeres que el mundo les ofrece. Han pagado el precio del sufrimiento, persecución, encarcelamiento, torturas, rechazo, ir a países desconocidos, limitaciones de toda índole en el cumplimiento de la misión.

"Jesús siempre habló del costo del discipulado y su prioridad para la vida (Lucas 9:23; 14:25-27, 33). El discipulado es costoso... Pero como ocurre cada vez que debemos obedecer a Dios, a la larga siempre será más costoso desobedecer. En cambio, obedecer (ser discípulo) es una esforzada inversión que... redundará en una fuente incomparable de vitalidad para la iglesia. Cuesta ¡pero vale la pena!"[1]

Preguntas de Reflexión

1. ¿Cómo le ha impactado este capítulo sobre el alto costo que Jesús pagó en el cumplimiento de la misión?

2. ¿Cómo le han servido las enseñanzas de Jesús acerca del costo de ser sus discípulos?

3. ¿Qué otros pasajes bíblicos usaría usted para este capítulo?

4. ¿Cómo le ha inspirado el precio que los apóstoles pagaron en el cumplimiento de la misión?

5. Conteste en una escala del 1 al 10 en la que el máximo puntaje a esta pregunta es 10: ¿Qué tan dispuesto usted está a pagar el precio en el cumplimiento de la misión?

Jeremías 1:8-10: *"No temas delante de ellos, porque contigo estoy para librarte, dice Jehová. Y extendió Jehová su mano y tocó mi boca, y me dijo Jehová: He aquí he puesto mis palabras en tu boca. Mira que te he puesto en este día sobre naciones y sobre reinos, para arrancar y para destruir, para arruinar y para derribar, para edificar y para plantar".*

6. ¿Cómo puedo soportar las pruebas en el costo de ser un discípulo de Jesús?

> *¡Oh! Yo siempre amaré esa cruz,*
> *En sus triunfos mi gloria será:*
> *Y algún día en vez de una cruz,*
> *Mi corona Jesús me dará.*
> —Himnario *Gracia y Devoción* #258

7. De ser posible dedique un tiempo a la oración y estudie los pasajes bíblicos que encontró para seguir reflexionando sobre el tema de este capítulo. ✝

Capítulo 15

Los Frutos del Reino

Juan15:1-2: *"Yo soy la vid verdadera, y mi Padre es el labrador. Todo pámpano que en mí no lleva fruto, lo quitará; y todo aquel que lleva fruto, lo limpiará, para que lleve más fruto".*

Los milagros de Jesús muestran las señales del reino, como cuando convirtió el agua en vino y fue de la mejor calidad, que hasta el experto maestresala quedó admirado. En el milagro de la pesca antes de llamar a Simón Pedro para hacerlo pescador de hombres, tal fue la inmensa cantidad de peces que las barcas casi se hundían. La alimentación a las multitudes con unos pocos panes y peces, fue sobreabundante y sobraron 12 canastas de lo que la gente no pudo comer después que se saciaron.

Jesús enseñó acerca del principio de dar frutos en el cumplimiento de la misión. La ilustración de la vid fue un ejemplo práctico que sus oyentes podían comprender en su contexto, el fenómeno de cómo esa planta produce muchos frutos. Jesús quería asegurarse de que sus seguidores tuvieran una comprensión clara sobre la importancia de dar frutos para el reino.

"La vid es una planta prolífica; una sola vid produce muchas uvas. En el Antiguo Testamento, las uvas simbolizaban la capacidad de Israel de llevar fruto haciendo la obra de Dios en la tierra (Salmo 80.8; Isaías 5.1–7; Ezequiel 19.10–14)" [1]

Jesús enfatizó a sus discípulos lo esencial de dar frutos: Juan 15:8 *"En esto es glorificado mi Padre, en que llevéis mucho fruto, y seáis así mis discípulos".* El Padre espera que los discípulos de Jesús den frutos. La vida de los discípulos debe ser acompañada de las características del reino de dar frutos *"dignos de arrepentimiento".* Los discípulos deben ser conocidos por la clase de frutos que dan en sus vidas y ministerios.

En la parábola del sembrador Jesús usa esta analogía para dar por sentado la importancia de dar frutos en abundancia y que permanezcan: Mateo 13:8 *"Pero parte cayó en buena tierra, y dio fruto, cuál a ciento, cuál a sesenta, y cuál a treinta por uno".* Jesús maldijo a la higuera por tener solo la apariencia

de fruto: Mateo 21:18-19 *"Por la mañana, volviendo a la ciudad, tuvo hambre. Y viendo una higuera cerca del camino, vino a ella, y no halló nada en ella, sino hojas solamente; y le dijo: Nunca jamás nazca de ti fruto. Y luego se secó la higuera".*
Jesús enseñó otra parábola para acentuar la importancia de dar frutos en el reino. La parábola ilustra que quienes sirven en el reino deben dar frutos de los dones que él da: Mateo 25:14-18 *"Porque el reino de los cielos es como un hombre que yéndose lejos, llamó a sus siervos y les entregó sus bienes. A uno dio cinco talentos, y a otro dos, y a otro uno, a cada uno conforme a su capacidad; y luego se fue lejos. Y el que había recibido cinco talentos fue y negoció con ellos, y ganó otros cinco talentos. Asimismo el que había recibido dos, ganó también otros dos. Pero el que había recibido*

Jesús enfatizó a sus discípulos lo esencial de dar frutos: Juan 15:8 *"En esto es glorificado mi Padre, en que llevéis mucho fruto, y seáis así mis discípulos".*

uno fue y cavó en la tierra, y escondió el dinero de su señor".
Es evidente que Jesús modeló y enseñó que el reino de Dios consiste en dar frutos de arrepentimiento y frutos del trabajo en el quehacer de la misión. La vida y enseñanzas de los apóstoles también hablan de la importancia de dar frutos para el reino. El apóstol Pablo ora para que los colosenses tengan fruto:
Colosenses 1:9-10 *"Por lo cual también nosotros, desde el día que lo oímos, no cesamos de orar por vosotros, y de pedir que seáis llenos del conocimiento de su voluntad en toda sabiduría e inteligencia espiritual, para que andéis como es digno del Señor, agradándole en todo, llevando fruto en toda buena obra, y creciendo en el conocimiento de Dios".*
Pablo también habla de que el evangelio produce fruto cuando llega a la vida de las personas:
Colosenses 1:5b-6 *"...la palabra verdadera del evangelio, que ha llegado hasta vosotros, así como a todo el mundo, y lleva*

fruto y crece también en vosotros, desde el día que oísteis y conocisteis la gracia de Dios en verdad".

El apóstol Pedro escribe acerca de la importancia de dar frutos, mencionando una serie de virtudes como frutos:

1 Pedro 1:8 *"Porque si estas cosas están en vosotros, y abundan, no os dejarán estar ociosos ni sin fruto en cuanto al conocimiento de nuestro Señor Jesucristo".*

Los siervos y siervas de Dios que han vivido bajo el principio de dar frutos han dejado sus legados en las vidas de las personas que han sido impactadas a través de sus ministerios fructíferos. Las comunidades donde han servido dan testimonio de los frutos del reino. "Cada persona debe procurar... la vida absoluta y abundante que Dios creó para que la experimentemos en Cristo".[2]

"¿Qué es ser fructíferos? La palabra fruto o alguna variación de la misma, se utiliza 55 veces en el Nuevo Testamento y se refiere a resultados".[3]

Preguntas de Reflexión

1. ¿Cómo le ha impactado este capítulo sobre los frutos de Jesús en el cumplimiento de la misión?

2. ¿Cómo le han servido las enseñanzas de Jesús acerca de lo esencial de dar frutos en el reino de Dios?

3. ¿Qué otros pasajes bíblicos usaría usted para este capítulo?

4. ¿Cómo le han inspirado las enseñanzas de los apóstoles en relación con dar frutos en el cumplimiento de la misión?

5. Conteste en una escala del 1 al 10 en la que el máximo puntaje a esta pregunta es 10: ¿Cuántos frutos está usted produciendo en el cumplimiento de la misión?

Génesis 12:1-2: *"Pero Jehová había dicho a Abram: Vete de tu tierra y de tu parentela, y de la casa de tu padre, a la tierra que te mostraré. Y haré de ti una nación grande, y te bendeciré, y engrandeceré tu nombre, y serás bendición".*

6. ¿Cómo puedo obtener una vida fructífera en el cumplimiento de la misión?

Gozo hay, sí, en servir a Cristo;
Gozo en el corazón.
Cada día él da poder,
Me ayuda a vencer,
Y da gozo, gozo en el corazón.
—*Himnario Gracia y Devoción #286.*

7. De ser posible dedique un tiempo a la oración y estudie los pasajes bíblicos que encontró para seguir reflexionando sobre el tema de este capítulo. ✟

Capítulo 16

El Mandamiento de la Misión

Mateo 28:18-20: *"Y Jesús se acercó y les habló diciendo: Toda potestad me es dada en el cielo y en la tierra. Por tanto, id, y haced discípulos a todas las naciones, bautizándolos en el nombre del Padre, y del Hijo, y del Espíritu Santo; enseñándoles que guarden todas las cosas que os he mandado; y he aquí yo estoy con vosotros todos los días, hasta el fin del mundo. Amén".*

Jesús se encarnó en la humanidad para cumplir con la misión del Padre. Dedicó su vida a la total obediencia a la misión del reino. Tenía total claridad del propósito por el cual el Padre lo había enviado y nada lo hizo desviarse de la misión para la redención de la raza humana. Aun cuando enfrentó la fuerza de las tinieblas en el desierto no fue movido y resistió todas las tentaciones que enfrentó. Hebreos 4:14-15: *"Por tanto, teniendo un gran sumo sacerdote que traspasó los cielos, Jesús el Hijo de Dios, retengamos nuestra profesión. Porque no tenemos un sumo sacerdote que no pueda compadecerse de nuestras debilidades, sino uno que fue tentado en todo según nuestra semejanza, pero sin pecado".*

Jesús garantizó a sus discípulos que tenía todos los poderes de la tierra y del cielo, por tanto, los enviaba a cumplir con la misión. El apóstol Pedro fue testigo de esa realidad, de la que le escribe a la iglesia: 1 Pedro 3:21b-22 *"...por la resurrección de Jesucristo, quien habiendo subido al cielo está a la diestra de Dios; y a él están sujetos ángeles, autoridades y potestades.*

En el cumplimiento de la misión Jesús estableció y enseñó a sus discípulos los principios y valores que gobernarían su iglesia. Pasó tres años de su vida formando su equipo de discípulos para que ellos hicieran lo mismo y llevar adelante la misión del reino. Ahora la misión del reino quedaría en las manos inmediatas de sus discípulos bajo la dirección del poder del Espíritu Santo. A los pescadores, los cobradores de impuestos, los patriotas zelotes y todos los que habían abrazado la ciudadanía del nuevo reino, les tocaba continuar con la misión integral del reino de Dios.

El Cristo victorioso los empoderó con su autoridad y con el poder del Espíritu Santo, les dio las instrucciones específicas acerca de lo debían hacer y enseñar para llevar adelante la misión. El motor de la misión era ir y enseñar los principios y valores del reino que Jesús les había enseñado. Parte esencial de la misión era la formación de hacer nuevos discípulos de Jesucristo para que ellos hicieran lo mismo de llevar el mensaje de las buenas nuevas del reino.

"El plan de Jesús del discipulado es de multiplicación. Cada discípulo debe llegar a ser discipulador. Esto se hace evidente en la manera en que gradualmente Jesús envió a sus discípulos a predicar de dos en dos y en su comisión final".[1]

La Gran Comisión es el mandato de Jesús para la proclamación y el avance del evangelio. La iglesia no tiene otra cosa más esencial que cumplir con el imperativo de "ir" y hacer discípulos en todas las naciones de la tierra.

Jesús se encarnó en la humanidad para cumplir con la misión del Padre. Dedicó su vida a la total obediencia a la misión del reino.

"La Gran Comisión, enunciada por Jesús en Mateo 28:19-20, es la invitación de Dios a formar parte del proyecto más grande de la historia... Un (pastor o líder) creyente o una iglesia que se compromete con la Gran Comisión experimenta toda la fuerza para ser diferente y marcar la diferencia en el mundo".[2]

Jesús, antes de su ascensión para estar a la diestra del Padre, les recordó una y otra vez a sus discípulos sobre la misión del reino:

Lucas 24:46-48 *"Y les dijo: Así está escrito, y así fue necesario que el Cristo padeciese, y resucitase de los muertos al tercer día; y que se predicase en su nombre el arrepentimiento y el perdón de pecados en todas las naciones, comenzando desde Jerusalén. Y vosotros sois testigos de estas cosas".*

La iglesia primitiva cumplió con el mandato de llevar las buenas nuevas del reino. Cuando fue necesario llevar el evangelio fuera de Jerusalén, los apóstoles enviaron a Pedro y a Juan para verificar y confirmar a los nuevos creyentes en la región de Samaria. Hechos 8:15-16: *"los cuales, habiendo venido, oraron por ellos para que recibiesen el Espíritu Santo; porque aún no había descendido sobre ninguno de ellos, sino que solamente habían sido bautizados en el nombre de Jesús".*

Al ver Pedro y Juan cómo la gente samaritana recibían el mensaje de las buenas nuevas de Jesucristo, a su regreso, Hechos 8:25: *"Ellos, habiendo testificado y hablado la palabra de Dios, se volvieron a Jerusalén, y en muchas poblaciones de los samaritanos anunciaron el evangelio".*

El apóstol Pablo fue obediente a la comisión de Jesucristo de llevar el mensaje a los gentiles y dedicó su vida a dar testimonio del evangelio. Romanos 15:20-21: *"Y de esta manera me esforcé a predicar el evangelio, no donde Cristo ya hubiese sido nombrado, para no edificar sobre fundamento ajeno, sino, como está escrito: Aquellos a quienes nunca les fue anunciado acerca de él, verán; Y los que nunca han oído de él, entenderán".*

La iglesia ha sido comisionada para cumplir con la misión de Dios en la redención de la raza humana a través de los méritos de su Hijo Jesucristo. La misión de Dios depende de la fiel obediencia de la iglesia de compartir el mensaje salvífico del amor de Dios para todas las personas. "Somos un 'pueblo enviado' que responde al llamado de Cristo y es capacitado por el Espíritu Santo para ir al mundo, a testificar del señorío de Cristo y participar con Dios en la edificación de la iglesia y la extensión de su reino (2 Corintios 6:1)".[3]

Los hombres y mujeres llamados a cumplir con la misión de la iglesia han tenido total claridad del mandato y comisión de Jesucristo, de ir por todo el mundo evangelizando y haciendo discípulos. Hacer discípulos de Jesús es esencial para el establecimiento y la extensión del reino de Dios en los corazones de las personas y, por ende, en la transformación integral de sus comunidades.

"El discipulado y la evangelización son inseparables. En realidad, son la misma cosa. Somos llamados para mantenernos en contacto constante con los incrédulos a fin de testificarles y ganarlos para Cristo. El plan de Dios para redimir al mundo es valerse de cada uno de nosotros a fin de ganar a otros para Cristo".[4]

Preguntas de Reflexión

1. ¿Cómo le ha impactado este capítulo sobre el mandamiento de Jesús a sus discípulos en el cumplimiento de la misión?

2. ¿Cómo le han servido las enseñanzas de Jesús acerca de la misión del reino de Dios?

3. ¿Qué otros pasajes bíblicos usaría usted para este capítulo?

4. ¿Cómo le han inspirado la dedicación de los apóstoles en el cumplimiento de la misión bajo el poder y guía del Espíritu Santo?

5. Conteste en una escala del 1 al 10 en la que el máximo puntaje a esta pregunta es 10: ¿Cómo estoy cumpliendo con la misión de la iglesia?

Éxodo 3:7-10: *"Dijo luego Jehová: Bien he visto la aflicción de mi pueblo que está en Egipto, y he oído su clamor a causa de sus exactores; pues he conocido sus angustias, y he descendido para librarlos de mano de los egipcios, y sacarlos de aquella tierra a una tierra buena y ancha, a tierra que fluye leche y miel... y también he visto la opresión con que los egipcios los oprimen. Ven, por tanto, ahora, y te enviaré a Faraón, para que saques de Egipto a mi pueblo, los hijos de Israel".*

6. Cómo puedo cumplir con la misión de la iglesia?
Compañeros nazarenos que luchamos por Jesús,
En la América Latina [USA/Canada]
ganando almas para Dios.
Redoblemos nuestro esfuerzo propaguemos hoy la Luz
De plena salvación.
—Himnario *Gracia y Devoción* #268.

7. De ser posible dedique un tiempo a la oración y estudie los pasajes bíblicos que encontró para seguir reflexionando sobre el tema de este capítulo. ✝

Conclusión

A través de los evangelios encontramos la vida ejemplar de Jesús en el cumplimiento de la misión del reino de Dios. El empoderó y capacitó a sus discípulos con los valores y principios esenciales del reino. Jesús sabía que la continuidad de la misión de la iglesia dependería de la fiel obediencia de sus discípulos bajo la dirección y la unción del poder del Espíritu Santo.

Los discípulos aprendieron las lecciones del Maestro y siguieron sus pasos para guiar a la Iglesia Primitiva en el cumplimiento de la misión. Los principios que recibieron del Maestro como la vida de total dependencia y relación con el Padre, la vida llena del poder del Espíritu Santo, el uso de las Escrituras, la oración y el ayuno, la proclamación del evangelio, el discipulado intencional, la compasión, la organización, dar frutos y el alto precio con el sacrificio de sus vidas, fueron los elementos con los que el evangelio de Jesucristo se estableció y creció en forma exponencial en el primer siglo y los subsecuentes. Los apóstoles practicaron los principios de la vida y enseñanzas de Jesús, enseñaron a la iglesia que ellos también vivieran y enseñaran esos principios. El apóstol Pablo se atrevió a decir: 1 Corintios 11:1 *"Sed imitadores de mí, así como yo de Cristo".*

Los escritos del Nuevo Testamento, los documentos históricos de la iglesia, las biografías de los siervos y siervas de Dios dan testimonio vivencial de cómo la iglesia ha estado cumpliendo con el mandato de Jesucristo de la Gran Comisión. La nueva nube de testigos fieles al llamado de Dios han seguido los pasos y los principios de la vida y enseñanzas del Maestro: En obediencia, dedicación, pasión, sacrificio, guiados por el poder del Espíritu Santo en el cumplimiento de la misión. Ellos nos inspiran con sus vidas ejemplares de que es posible vivir los principios que Jesús vivió y enseñó a sus discípulos para establecer y avanzar el reino de Dios. Es mi oración que estas reflexiones sobre los principios de Jesús le hayan bendecido, ayudado y, en cierta medida, desafiado para aplicarlos a su vida ministerial en el CUMPLIMIENTO DE LA MISIÓN de la iglesia:

HACER DISCÍPULOS SEMEJANTES A CRISTO EN LAS NACIONES".

✝

Notas Bibliográficas

Capítulo 1
1. H.Orton Wiley / Paul T. Culbertson, *Introducción a la teología cristiana*, 1948. P. 184.
2. *Biblia del diario vivir*. (2000). (electronic ed., Gn 3.15). Nashville: Editorial Caribe.
3. Wiley / Culbertson. P. 209.

Capítulo 2
1. *Biblia del diario vivir*. (2000). (electronic ed., Lc 2.43). Nashville: Editorial Caribe.
2. H.Orton Wiley / Paul T. Culbertson, *Introducción a la teología cristiana*, 1948. P. 278.
3. Wesley L. Duewel, *Ardiendo para Dios*, 1995. P. 51.
4. *Esenciales Nazarenos Quiénes Somos – Qué Creemos*.
5. Carl Bangs, Phineas E. Bresee, *Pastor del Pueblo*.
6. Duewel. P. 48.

Capítulo 3
1. *Biblia del diario vivir*. (2000). (electronic ed., Lc 4.16). Nashville: Editorial Caribe.
2. *Manual* de la Iglesia del Nazareno, 2013-2017.
3. *Biblia del diario vivir*. (2000). (electronic ed., Lc 4.16). Nashville: Editorial Caribe.

Capítulo 4
1. *Biblia del diario vivir*. (2000). (electronic ed., Lc 2.43). Nashville: Editorial Caribe.
2. Watchman Nee, *Autoridad Espiritual*, 1990 edición en español. P. 47.
3. J. W. Hayford, *La familia llena del Espíritu: Sabiduría santa para construir hogares felices* (electronic ed.,), 1995. Nashville: Editorial Caribe. P. 90.

Capítulo 5
1. *Biblia del diario vivir*. (2000). (electronic ed., Mt 6.9). Nashville: Editorial Caribe.
2. Wesley L. Duewel, *Ardiendo para Dios*, 1995. P. 66.
3. *Ibíd*. P. 76.
4. *Ibíd*. P. 251.
5. *Ibíd*. P. 236.

Capítulo 6
1. Diego Forero, *La hoja de ruta*. P. 6.
2. Gene Mims, *La iglesia con enfoque en el reino*. P. 77.

Capítulo 7
1. Nelson, W. M., & Mayo, J. R. (1998). En Nelson *Nuevo diccionario ilustrado de la Biblia* (electronic ed.). Nashville: Editorial Caribe.
2, *Ibíd*.
3. *Ibíd*.

4. Wesley L. Duewel, *Ardiendo para Dios*, 1995. P. 54-55.

Capítulo 8

1. Nelson, W. M., & Mayo, J. R. (1998). En Nelson, *Nuevo diccionario ilustrado de la Biblia* (electronic ed.). Nashville: Editorial Caribe.
2. Gene Mims, *La iglesia con enfoque en el reino*. P. 49.
3. *Ibíd*. P. 14.

Capítulo 9

1. Hayford, J. W. (2000). *Fe poderosa: El balance de la fe con respecto a las obras y las palabras* (electronic ed., p. 5). Nashville: Editorial Caribe.

Capítulo 10

1. David L. McKenna, *Wesleyanos en el siglo XXI*. P. 80.
2. Floyd Cunningham, *Our Watchword &Song*. P. 234.
3. *Esenciales Nazarenos Quiénes Somos – Qué Creemos*.
(Tomada de la página web de la Iglesia del Nazareno y traducción libre)

Capítulo 11

1. Luciano Jaramillo, *Jesús ejecutivo*. P. 13.
2. *Ibíd*. P. 123.

Capítulo 12

1. Horace G. Cowan, *The Sabbath in Scripture and History*. P. 12.
2. Daniel Spaite, *Bomba de tiempo en la iglesia*. P. 125.
3. *Ibid*. 127.

Capítulo 13

1. Rick Warren, *Una iglesia con propósito*. P. 216.
2. *Biblia del diario vivir*. (2000). (electronic ed., Gn 3.15). Nashville: Editorial Caribe.
3. John C. Bowling, *Grace – Full Leadership*. P. 14.

Capítulo 14

1. Luis Aranguren con Fabián D. Ruiz, *Ministerio discipular*. P. 26.

Capítulo 15

1. *Biblia del diario vivir*. (2000). (electronic ed., Gn 3.15). Nashville: Editorial Caribe.
2. Gene Mims, *La Iglesia con enfoque en el reino*. P. ix.
3. Rick Warren, *Una iglesia con propósito*. P. 70.

Capítulo 16

1. Luis Aranguren con Fabián D. Ruiz, *Ministerio discipular*. P. 16.
2. *Ibíd*. P. 4.
3. *Esenciales Nazarenos Quiénes Somos – Qué Creemos*.
4. Gene Mims, *La iglesia con enfoque en el reino*. P. 92.